HEILUNG

der lange Weg zum Erfolg

Bericht aus meiner Praxis

Amin Ramadhan Karisa

Aufgeschrieben von Heidemarie Güpner

1. Auflage Dezember 2016

Amin Ramadhan Karisa
Aufgeschrieben von Heidemarie Güpner

rastarama@gmx.de
hum.team.guepner@gmx.de

Fotos: private Aufnahmen
Grafiken & Layout: Sandrine Amendola
www.jingrafik.myportfolio.com

Printed in Germany
Verlag: tao.de in J. Kamphausen Mediengruppe GmbH, Bielefeld,
www.tao.de, eMail: info@tao.de

Bibliografische Information der Deutschen Nationalbibliothek:
Die Deutsche Nationalbibliothek verzeichnet diese Publikation
in der Deutschen Nationalbibliografie; detaillierte bibliografische
Daten sind im Internet über http://dnb.d-nb.de abrufbar.

ISBN Paperback: 978-3-96051-413-8
ISBN Hardcover: 978-3-96051-415-2
ISBN e-Book: 978-3-96051-414-5

INHALT

Haftungsausschluss **7**

Vorwort **9**

1. Wie alles begonnen hat **12**

2. Wundbehandlungen **23**

2.1. Junge, der Ziegen hütete 23

2.2. Maulidi, die Hauttransplantation 24

2.3. Amina, die Brustkranke 27

2.4. Omar, die Beinamputation 31

2.5. Malmesi, der Fischer 34

2.6. Watuma, der Motoradunfall 36

2.7. Juma Baya, der Steinbrucharbeiter 38

2.8. Mädchen aus Vitengeni 42

2.9. Weitere Einzelfälle 45

3. Malaria **51**

4. HIV/AIDS **59**

5. Andere behandelte Krankheiten **71**

6. Alternative Heilpflanzen und -mittel **77**

6.1. Neem 77

6.2. Moringa oleifera 80

6.3. Artemisia Annua Anamed 87

6.4. Weitere Pflanzen 90

6.5. Pflanzen und Früchte unserer Ernährung 94

6.6. Kolloidales Silber 98

6.7. MMS 98

6.8. Okubaka 99

6.9. Schlangenstein 99

7. Unser Gesundheitsprojekt **103**

8. Worterklärungen **124**

Danke **126**

Haftungsausschluss

Dieses Buch dient der Information über Möglichkeiten der Selbsthilfe, der persönlichen Entwicklung und der Gesundheitsvorsorge. Wer die in diesem Buch beschriebenen Techniken und Mittel anwendet, tut dies in eigener Verantwortung. Die Autoren beabsichtigen keineswegs, Diagnosen zu stellen oder Therapieempfehlungen zu geben.

Die hier beschriebenen Behandlungen sind nicht als Ersatz für professionelle Behandlung bei gesundheitlichen Beschwerden - gleich welcher Art - zu verstehen. Dies betrifft ausdrücklich jede Form von körperlichen, psychischen oder sonstigen Leiden.

Ohne Rücksprache mit dem Arzt oder Therapeuten sollten Sie keine Behandlung abbrechen und insbesondere keine eigenmächtige Änderung an der Dosierung verschriebener Medikamente vornehmen.

**„Wenn jemand ein Buch schreibt,
soll er nur das schreiben,
was er weiß."**

*J. W. von Goethe
(1749-1832)*

Vorwort

Im Sommer 2013, ich bin wieder einmal in Kenia, begleite ich Ramadhan bei einer seiner vielen „Vorortbehandlungen". Es ist der Patient, den er seit Januar 2012, seit mehr als anderthalb Jahren, behandelt hat. Wir sind dort, weil er mir zeigen möchte, dass der junge Mann geheilt ist und längst wieder arbeiten geht. Wieder einmal bewundere ich das Ergebnis seiner Behandlungen. Es basiert auf seinem Wissen, seinen Erfahrungen und vor allem auch seiner Geduld und Fürsorge für die Patienten.

Bis dahin waren es schon viele Kranke, Schwerkranke, denen er geholfen hat. Und man muss berücksichtigen, unter welchen Bedingungen das alles geschehen war. Die hygienischen Verhältnisse unter denen die Behandlungen durchgeführt wurden, erreichten nie, nicht einmal annähernd, die gewohnten Standards in westlichen Ländern. Ramadhan behandelte in dunklen Hütten, auf dem nackten Boden, meist Lehmboden, auf Pappunterlagen oder ähnlichem Material.

Die Mittel, die er einsetzte, waren Pflanzen, alternative Heil-Mittel und Verbandsmaterial, was in den seltensten Fällen keimfrei verpackt war. Das von uns mitgebrachte Material war immer nur ein Tropfen auf dem heißen Stein. Oft waren es Kangas (1), die in Streifen zerschnitten wurden. Selten konnte der Patient es sich leisten, selbst Verbandsmaterial zu kaufen. Und genauso selten wurden die langwährenden Behandlungen bezahlt. Die Patienten, die ihn suchten, hatten schon einen langen Weg mit erfolglosen Behandlungen und hohen Kosten hinter sich.

Er war für viele die letzte Chance. Und Ramadhan hatte den Ehrgeiz, ihnen zu helfen. Ich saß mit ihnen im Gespräch, Heiler und Patient, und hatte den irrwitzigen Gedanken, Ramadhan sollte ein Buch schreiben.

Kaum gedacht, schon ausgesprochen, waren auch er und der Patient von dem Gedanken begeistert. Nun, es konnte nur ein Bericht, ein praxisbezogener Bericht werden. Einige Bilder hatten Ramadhan und ich schon gemacht. Mir war klar, ohne Nachweise, schwarz auf weiß, besser vielleicht bunt, brauchte er das Buch nicht schreiben. So war die Idee geboren. Die Idee, Informationen mit vielen Menschen zu teilen, vor allem in den Regionen, wo Schulmedizin oft nicht erreichbar, aber ein wahrer Schatz der Natur vorhanden ist.

Jetzt hatte Ramadhan eine Idee und sagte: „Ich erzähle und Du schreibst auf. Am Besten in deutscher Sprache. Dann kannst Du einige Deiner Freunde bitten, es in andere Sprachen zu übersetzen - englisch, französisch, portugiesisch und spanisch. So erreichen wir vielleicht viele Menschen, die meine Erfahrungen umsetzen können." Bald schon begann Ramadhan zu erzählen, ich schrieb auf und in Deutschland folgte die weitere Bearbeitung; mehrfach war ich wieder in Kenia, um neben anderen Aufgaben das Buchprojekt zu beraten.

Ramadhan, der viel liest, seit Jahren auch einen Computer hat, entdeckte Zitate, mit denen ich das Buch abrunden sollte. Beim Erzählen und Aufschreiben konnten wir immer wieder auch feststellen, wie richtig es war, ihn dort zu unterstützen, wo er zu Hause war und ist. Welche Entwicklung hat dieser junge Mann genommen, weil man ihm geholfen und nicht bevormundet hat, seine Berufung, seinen Weg zu finden. Das schließt Erfahrungsaustausche mit Menschen, die es anders wissen, mit ein. Dazu gehören auch die Möglichkeiten, außerhalb des eigenen Lebensraums Informationen zu sammeln.

Endlich ist das Buch fertig. Wir wissen beide, wir sind keine „Schreiberlinge", sind aber der Überzeugung, den Menschen etwas mitteilen zu können. Wir hoffen auf eine interessierte und verstehende Leserschaft.

Heidemarie Güpner
Berlin, August 2015

„Wollte man warten,
bis man etwas so gut könnte,
dass niemand etwas daran
auszusetzen fände,
brächte man nie etwas zuwege."

(Volksweisheit)

1.

Wie alles begonnen hat

Begonnen hat alles viel früher. Ich glaube nicht an Zufälle. Ich bin überzeugt, dass unser Weg schon vorher bestimmt ist. Warum sonst, habe ich mich seit frühester Kindheit für Pflanzen interessiert? Warum begleitete ich meinen zu früh verstorbenen Großvater bei der Arbeit auf dem Feld und hörte interessiert zu, was er mir über die Pflanzen erzählte? Er zeigte mir nicht nur, wie er Mais säte und pflegte, bis er von den Frauen der Familie geerntet und entkörnt wurde. Bei ihm wuchs der Maniok so groß und dicht, wie bei keinem unserer Nachbarn. Ich kann mich nicht erinnern, dass wir als Kinder, und davon gab es in unserer Familie schon immer viele, zu Lebzeiten meines Großvaters Hunger hatten.

Das kam alles erst später. Mein Großvater starb, als ich sieben, acht Jahre alt war. Damals wusste ich noch nicht, wann ich geboren wurde, an welchem Datum. Von da an übernahmen mein Onkel und mein Vater, neben meiner Großmutter,

Ramadhan während einer Behandlung beim Patienten

die Verantwortung für die Familien. Beide waren aber nicht mehr auf dem Feld beschäftigt, sondern verdienten den kargen Lebensunterhalt im Straßenbau und als Helfer im Krankenhaus.

Das dort verdiente Geld reichte weder für die Versorgung mit Nahrungsmitteln und Kleidung noch für das Schulgeld. Mein Vater hatte schon, als ich geboren wurde, zwei Frauen. Ich war das erste Kind meiner Mutter, dem noch vier weitere Geschwister folgten. Die zweite Frau brachte bereits ein Kind in die Familie mit. Ihr zweites Kind, meine Schwester, wurde fast zeitgleich mit mir geboren. Nach und nach wuchsen die Familien um immer mehr Kinder.

Als ich etwa sieben Jahre alt war, hatte meine Mutter bereits vier Kinder, die zweite Mutter ebenso vier und weitere ergänzten die Großfamilie von meinem Onkel. Immer war mein Großvater darauf bedacht, ausreichend Mais, unser Hauptnahrungsmittel, Maniok, Linsen und Bohnen anzupflanzen, dass alle Esser bis zur nächsten Ernte satt wurden. Mit meiner Großmutter, die ihren Mann um viele, viele Jahre überlebte, streifte ich ebenso durch die Felder und suchte gemeinsam mit ihr nach Gemüse, was unser tägliches Ugali (2) ergänzte und nach Pflanzen, mit denen sie so manche Krankheit behandelte.

Dennoch sollte es viele Jahre dauern, bis ich die Pflanzen und dann deren Heilkraft wiederentdeckte. Nachdem mein Großvater verstorben war, die Lebensumstände sich in unserer Familie immer mehr verschlechterten, oft kein Schulgeld für einen regelmäßigen Schulbesuch zur Verfügung stand, machte ich mich alleine, etwa mit acht Jahren, auf den Weg ins Leben.

Nicht weit entfernt von meinem Zuhause im Ort Mnarani begann ich, bei bessergestellten afrikanischen und indischen Familien zu arbeiten. Ich war als „Waschmann", als Gärtner, als Ziegenhirt und „Junge für alles" tätig. Ich musste u.a. zusehen, wie ich die Wäsche der Kinder meiner Arbeitgeber sauber bekam. Dazu benutze ich, wie überall in Afrika, das bekannte „OMO". Oft waren meine Hände von dem aggressiven Waschmittel entzündet und ich hatte offene Wunden.

Nicht anders sahen meine Hände nach der, für einen acht bis neun jährigen Jungen, viel zu schweren Gartenarbeit aus: Vorbereitung des Bodens zur Gemüseanpflanzung und Ernten. Wenn ich dann nach Hause kam, was leider viel zu selten war, heilte meine Großmutter die Verletzungen mit ihren selbst gemachten Salben oder legte einfach nur Blätter als Verband auf die Wunden.

Trotz meiner mühsamen Tätigkeit reichte der Lohn gerade, um mein Schulgeld zu bezahlen. Oft musste ich den Arbeitgeber wechseln, weil sie mir nicht mehr als ein Dach über dem Kopf (außerhalb der Familienunterkunft) und etwas zum Essen für meine schwere Arbeit zahlten. Dennoch konnte ich wenigstens regelmäßiger die Schule besuchen. Ich bin gerne in die Schule gegangen. Ich träumte davon, ein Mediziner, ein Arzt, zu werden. Mein Vater war zeitweise als Pfleger und Laborant beschäftigt. Seine Erzählungen waren spannend und, er hat vielen Kranken in unserem Dorf geholfen. Das wollte ich auch mal tun, so mein Traum.

Meine Mutter hatte zwischenzeitlich Arbeit auf den umliegenden Sisalplantagen (3) gefunden und versuchte, mit diesen Einnahmen die ständig wachsende Familie zu ernähren. Ich hatte gute Noten in der Schule und auch die Empfehlung, nach der achten Klasse die Sekundarschule zu besuchen. Da ich sechs, fast sieben anstrengende duale Schuljahre – arbeiten, lernen – hinter mir hatte, sah ich keine Chance, das Geld für eine höhere Schule mit Internat-Unterbringung zu beschaffen.

Also begann ich, im kleinen Hafen von Mnarani/Kilifi zu arbeiten. Auch diese Arbeit – das Aufbereiten von Booten und Schiffen war anstrengend, schmutzig und schlecht bezahlt.

Zwischenzeitlich hatte sich in Kenia der Tourismus entwickelt. Anfang der neunziger Jahre kamen immer mehr Urlauber aus dem fernen Europa zu uns. In dieser Branche, so sprach es sich unter den Jugendlichen herum, ließ sich damals viel leichter und schneller Geld verdienen; also wechselte ich in die Tourismusbranche. Ich verkaufte anfangs am Strand Schnitzereien. Schnell erlernte ich die notwendigen Vokabeln, um mit den Touristen aus Deutschland, Österreich, der Schweiz und Italien ins Gespräch zu kommen. Die Touristen wollten sich nicht nur an unserer herrlichen Küste sonnen, sondern die ursprüngliche und sprichwörtlich wilde Tierwelt Afrikas kennenlernen.

Nun verkaufte ich Safaris, die mir mehr Geld einbrachten. Ich erarbeitete mir so viel Geld, dass ich selbst ein relativ sorgenfreies und abwechslungsreiches Teenagerleben führen und gleichzeitig meine Familie unterstützten konnte. Gemeinsam mit meinem jüngeren Bruder bewohnte ich später in Mnarani ein kleines

Zimmer mit Gemeinschaftsdusche und –toilette. Wir wohnten im Luxus – trocken, mit Sanitäranlagen und nahmen am sozialen Leben in unserer Nachbarschaft unmittelbar teil. Wir konnten uns täglich zwei Mahlzeiten kochen, ich bezahlte das Schulgeld für meinen Bruder und für die Familie blieb auch noch etwas übrig. Zu dieser Zeit dachte ich nicht mehr daran, eine Sekundarschule zu besuchen. Ich fühlte mich wohl in der Tourismusbranche.

Es entwickelten sich Kontakte, die mir über den Aufenthalt der Urlauber hinaus finanzielle Unterstützung gaben, u.a., eine Frau, die wesentlich älter war als ich, aber mit mir zusammen leben wollte. Für mich war das in Ordnung, versprach sie mir doch, mein Leben im fernen Deutschland und in materieller Sicherheit verbringen zu können. Im Gegensatz zu vielen anderen Touristen versprach sie, mir einen Pass und ein Flugticket zu besorgen. Leider musste ich schnell feststellen, dass diese Zukunftsversion auch auf Sand gebaut war. Ein neuer, gleichaltriger Partner in ihrem Leben beendete meinen Traum. Es war damals eine der vielen schmerzhaften Erfahrungen in meinem noch jungen Leben. Touristen kamen und gingen, Versprechungen und Hoffnungen mit ihnen.

Dann, im Jahr 1996, lernte ich wieder mal eine Familie aus Deutschland kennen. Eine junge Tochter, etwa in meinem Alter, war auch dabei. Nur leider stellte ich schnell fest, dass sie meine Annäherungsversuche und Flirtsignale total ignorierte. Stattdessen erhielt ich von ihren Eltern, Martin und Heidi Güpner, die bereits fünf eigene Kinder hatten, das Angebot, eine Unterstützung bei einer Ausbildung zu bekommen.

Nach ihren Anfragen im Hotel, welche Alternativen es für einen jungen Menschen in unserer Region gäbe, schickte man die Familie in das deutsche Konsulat nach Mombasa. Gemeinsam fuhren wir mit einem Taxi in die ca. 47 Kilometer gelegene Hafenstadt Mombasa. Dort angekommen mussten wir erfahren, dass die Mitarbeiter im Konsulat nur sehr wenig über Land und Leute Bescheid wussten.

Aufgrund der sich entwickelnden starken Tourismusbranche empfahl man einen Sprachkurs im German-Institut. Also fuhren wir mit dem Taxi weiter. Ich selbst sollte an diesem Tag das Institut nicht betreten. Bereits am Eingang des Hauses wurde ich trotz Widerspruchs des Familienvaters, in Deutschland selbst Polizist, mit Handschellen wie ein Schwerverbrecher von der kenianischen Polizei abgeführt.

Das Ehepaar begab sich ins German-Institut zur Leiterin, die ihnen bestätigte, dass die Polizei täglich junge Menschen mit Sponsoren am Eintreten sowohl des deutschen als auch französischen Sprachinstituts hindere.

Aber wie von „Zauberhand" war ein Vermittler zwischen Polizei und Sponsoren für einen entsprechenden Obolus bereit, mich aus der „Umarmung" der Polizei zu befreien. Die Verhandlungen zogen sich hin, weil meine Sponsoren nicht gewillt und Verständnis dafür zeigten. Es gab doch keinen erkennbaren Grund, uns gemeinsam das Betreten der Schule zu untersagen!

Schwer lassen sich meine Gefühle in diesen Stunden beschreiben. Endlich sollte ich eine Chance für eine Ausbildung, einen Sprachkurs, erhalten. Endlich die Hoffnung, mit besseren Sprachkenntnissen vielleicht als Reisebetreuer oder Mitarbeiter in einem Hotel ordentliche, anerkannte Arbeit zu finden.

Nach langen, zähen und kostspieligen Verhandlungen (4.200 KSh waren von Herrn Güpner bezahlt worden), dann meine Entlassung aus dem Gewahrsam der kenianischen Polizei.

Die Familie hatte zwischenzeitlich trotz dieser Widrigkeiten für mich einen Lehrgang in deutscher Sprache gebucht, so dass wir unmittelbar nach meiner Freilassung nach Mnarani zurückfahren konnten.

Mit großer Freude und Interesse besuchte ich nun für ein halbes Jahr täglich diesen Sprachkurs und lernte die deutsche Sprache; ich hörte von Land und Leuten und auch von Goethe. An den Nachmittagen arbeitete ich am Strand und verdiente den Lebensunterhalt für mich und meinen Bruder.

Ende des Jahres 1996 sollte ich dann erstmals für drei Monate nach Deutschland fliegen. Das war eine spannende und aufregende Reise, denn der Flieger, der mich nach Deutschland bringen sollte, musste nach zwei Stunden Flugzeit nach Nairobi zurückfliegen, weil er einen Schaden hatte. Viele Stunden warteten wir auf den nächsten Flieger, den ich nicht betreten wollte. So groß war meine Angst. Es siegte aber die Neugier, die Hoffnung auf einen neuen Lebensabschnitt.

In meinem Kopf hatte sich der Gedanke festgesetzt, doch in Deutschland zu bleiben. In Deutschland angekommen, lernte ich die große Familie meiner Sponsoren kennen. Schon zu Beginn sagten mir die Pflegeeltern, ich solle mir den Gedanken, nicht mehr nach Hause zu gehen, aus dem Kopf schlagen. Sie erklärten mir in vielen Gesprächen, dass meine Zukunft in Kenia, in meinem Geburtsland, liegt. Sie versprachen mir, mich auf meinem weiteren Weg zu begleiten. Gemeinsam wollten wir darüber nachdenken, was ich tun könnte. So geschah es dann auch. Als erstes stellten sie mir Geld zur Verfügung, um für mich und meine Familie, die ich nach meiner Rückkehr gründete, ein Haus zu bauen. Dann folgten viele gemeinsame Projekte. Die Unterstützung der Primarschule unseres Dorfes, der Bau eines Kommunikationszentrums und eines Ladens für Waren des täglichen Bedarfs.

Wir beschäftigten uns mit der Landwirtschaft, indem wir eine Arbeitsgruppe unterstützten, die lernte, die Selbstversorgung mit Nahrungsmitteln (Mais- und Gemüseanbau, Konservierung von Lebensmitteln usw.) umzusetzen. Wir züchteten Hühner für den Weiterverkauf.

Wir waren in Namibia und sahen uns dort ein Projekt an, welches sich mit Lehmbau beschäftigte. Lehm gibt es bei uns genug, nur das Interesse der Menschen, sich stabile Häuser aus vorgefertigten Lehmsteinen zu bauen, war und ist sehr gering. Keiner weiß, dass die Lehmbauweise eine der gesündesten Bauweisen ist; in Europa sogar eine der teuersten.

Neben dem Aufbau einer mobilen Disko, eines kleinen Bustransportunternehmens, der Ausbildung von Schneiderinnen u.v.m. war die Familie Güpner immer interessiert, solche Aktivitäten zu unterstützen und zu finanzieren, die Arbeitsplätze schaffen sollten. Ja, ich muss gestehen, dass das Ehepaar sehr, sehr viele Ideen mit mir gemeinsam begann und umsetzte. Leider gelang es mir nicht, die Projekte über einen längeren Zeitraum zu erhalten. Es fehlten mir vor Ort die Partner, mit denen ich vertrauensvoll und ehrlich arbeiten konnte. Es fehlten Kontrollen, so dass ich von vielen Mitarbeitern betrogen wurde und jede weitere Entwicklung sowie Investitionen nicht möglich waren.

Trotzdem gab es Erfolge. Im Jahr 2003 eröffneten wir unseren kleinen Medizinstützpunkt. Wir hatten festgestellt, dass ein ernstes, wichtiges Problem in unserem Dorf die medizinische Betreuung der Menschen war. Zu dieser Zeit gab es in den Nachtstunden keine Möglichkeit in das nächste Krankenhaus zu fahren, es gab keinen öffentlichen Verkehr. Viele Menschen hatten kein Geld, um das Fahrgeld, die Behandlung im Krankenhaus und die Medikamente zu bezahlen. So war unsere kleine Praxis gut besucht. Die Medikamente, die Frau Güpner aus Deutschland mitbrachte, reichten aber nur kurze Zeit. Da viele Patienten die Behandlung und die Medikamente nicht bezahlen konnten, musste Familie Güpner immer wieder Geld spenden bzw. uns mit Geräten, Material und Medikamenten unterstützen.

Ich begann im Jahr 2006 mit kleinen physiotherapeutichen Behandlungen, die recht erfolgreich waren. Zum Beispiel behandelte ich einen kleinen Jungen, der nicht gehen konnte; er rollte sich auf den Boden, um vorwärts zu kommen. Bereits nach wenigen Behandlungen, Massagen, war es ihm möglich, erste Schritte zu machen, seine Schmerzen ließen nach und er lachte wieder.

Als Frau Güpner bei einer dieser Behandlungen anwesend war, fragte sie, ob ich nicht Pfleger werden wolle. Ich bejahte, konnte mir aber nicht vorstellen, wie das gehen soll. Noch im gleichen Jahr war ich wieder in Deutschland und besuchte einige Seminare zur Alternativen Medizin, TCM, Reiki, Akkupunktur sowie zur Persönlichkeitsentwicklung, zum Finden der eigenen Berufung und zum erfolgreichen Arbeiten. Die Dozenten staunten nicht nur über meine Sprachkenntnisse, sondern lobten mein Wissen und mein schnelles Verstehen.

Zurück in Kenia folgte ein Seminar über „Natürliche Medizin in den Tropen", welches Frau Güpner bereits 2005 in Deutschland besucht hatte. Schon damals sagte sie, dass wir eigentlich in unserer Region alle notwendigen Grundlagen für den Einsatz natürlicher Medizin hätten. Sie zeigte mir die Bilder der heilenden Pflanzen und Bäume und ich zeigte ihr, wie sie in Natur auf unseren Feldern wuchsen. Wir sprachen von der Heilkraft der Pflanzen und bei welchen Krankheiten sie hilfreich sein könnten. Ich erinnerte mich, was ich von meinen Großeltern gehört und wie meine Großmutter meine Wunden geheilt hatte und auch an ihre Salben.

Eine davon hatten wir den Touristen als Sonnenschutz (was auch stimmte), aber für viel Geld verkauft. Ich hatte mir ja schon ein wenig theoretisches Wissen auf diesem Gebiet angeeignet, dennoch verging weitere Zeit, bis ich meine wahre Berufung erkennen sollte. Neben den Massagen und physischen Behandlungen wurden von mir Patienten mit offenen Wunden behandelt. Es gibt bei uns erstaunlich viele und schwere Verletzungen der Haut. Sehr oft kommen Patienten mit Schlangenbissen, Insekten- und Skorpionstichen.

Ramadhan prüft eine Aloe Vera-Pflanze

Meine Mutter war auch von einer Schlange gebissen worden und zu jener Zeit waren meine Kenntnisse noch sehr bescheiden. Wir Kinder saßen an ihrem Krankenhausbett und glaubten, dass sie nicht mehr lange unter uns weilen würde. Dank der Initiative von Frau Güpner, ihren Telefonaten aus Deutschland mit einem befreundeten, kenianischen Arzt eines staatlichen Krankenhauses in Malinidi wurde unsere Mutter besonders gut behandelt.

Heute ist sie zum Glück gesund und munter und hilft allen Kindern und Familienangehörigen, wo sie kann. Dieses Ereignis war mit entscheidend, dass ich mich intensiver mit verschiedenen Notbehandlungen beschäftigte. Ich konnte das tatsächlich bei meiner Schwester, die ebenso von einer Schlange gebissen wurde, bald und erfolgreich umsetzen. Hier ist schnelle erste Hilfe notwendig; heute habe ich immer einen Schlangenstein in der Nähe, mit dem man das Gift rausziehen kann. Das ist Notversorgung!

Bei uns gab es schon immer sehr viele Verbrennungen – am offenen Feuer, mit kochendem Wasser und Speisen und in den letzten Jahren am Auspuff der Motorräder. Das Moderne hält bei uns Einzug mit all seinen Nebenwirkungen! Oft kamen und kommen die Patienten mit Wunden, die im Laufe der Jahre trotz medizinischer Behandlung immer größer wurden. Es kamen und kommen Patienten, die schulmedizinisch austherapiert waren, denen Gliedmaße amputiert oder Haut transplantiert werden sollte. Über einige Beispiele, die wir auch dokumentiert haben, werde ich in den nächsten Kapiteln berichten. So praktiziere ich die Methode „Learning by doing!" und, das mit großer Entschlossenheit, Erfahrung und Erfolg.

Wie sagte schon

Hippokrates (460-370 v.Chr.)

„Wer heilt, hat Recht!"

„Alle entscheidenden Dinge,
die ich erreicht habe, waren Dinge,
die nach Ansicht der Experten
nicht gingen"

Henry Ford
(1863-1947)

2.

Wundbehandlungen

2.1. Junge, der Ziegen hütete (ca. 8 Jahre)

Anfang 2008 wurde ein Junge aus unserem Dorf von seiner Mutter zu mir gebracht. Er war in der Familie verantwortlich für die Betreuung und Versorgung der Kühe und Ziegen. Die Tiere werden am Tag von einem futterreichen Fleck zum anderen geführt. Nur wenige Familien können sich einen stationären Platz und die Versorgung der Tiere mit Futter leisten. Die eigenen Kinder sind die billigere Alternative und günstigeren Arbeitskräfte, so wie ich als kleiner Junge.

Damit man die Tiere am Abend festbinden und am Tage besser unter Kontrolle halten kann, wird der Kuh ein Sisalstrick um den Hals gebunden, den Ziegen ums Bein. Dieser schleift den Tieren hinter her und, wenn man die Kühe und Ziegen zusammentreibt, um sie zum Schlafplatz zu führen, nimmt man das Seil auf. Manchmal muss man schon ganz schön flink sein, denn die Kühe und Ziegen sind nicht gerne angebunden und laufen schnell davon. Bei dem Jungen hatte sich das Seil um den eigenen Fuß gewickelt, ihn einige Meter mitgezogen und einen offenen Riss verursacht. Er war bereits einige Wochen im Krankenhaus behandelt worden, doch leider ohne Erfolg. Die Wunde hatte sich vergrößert und er hatte Schmerzen. Die Mutter fragte mich, ob ich helfen könne.

Ich reinigte die Wunde täglich mit Kolloidalem Silber und trug in der ersten Woche eine Paste aus Zucker und Papaya-Milch auf (a). Diese Materialien standen mir ausreichend zur Verfügung und ich hatte bereits andere Wunden damit erfolgreich behandelt. In der folgenden Zeit trug ich nach Reinigung der sich langsam schließenden Wunde Artemisinin-Neem-Salbe auf, die ich selbst hergestellt hatte. Gleichzeitig erhielt er Neem zum Einnehmen, den Entzündungsprozess von innen heilend. Der Junge kam insgesamt über einen Zeitraum von zwei Monaten zu mir. Dann war seine Wunde vollständig ausgeheilt.

2.2. Maulidi, die Hauttransplantation, Frühjahr 2008, etwa 38 Jahre alt

Ein ehemaliger Patient hatte dem Bruder von Maulidi über meine Wundheilerfolge berichtet. Sie suchten einige Tage nach mir. Nachdem sie meine Telefonnummer erhalten hatten, riefen sie mich an und ich besuchte Maulidi noch am gleichen Tag in Kilifi. Er lag in seiner Hütte und erzählte mir, dass er seit mehr als sieben Jahren mit dieser offenen, eiternden, schmerzenden Wunde am rechten Bein oberhalb des Fußes lebte. Lange schon konnte er seine Hütte nicht mehr verlassen und war auf die Unterstützung der Familie angewiesen.

Die Ärzte des Krankenhauses hatten ihm zu einer Hauttransplantation geraten. Da sein Gesundheitszustand nicht sehr stabil war, hatte man den Operationstermin noch nicht festgelegt. Er hatte sich aber bereits ein OP-Messer gekauft, welches die Ärzte dann benutzen sollten. Maulidi zeigte mir dieses noch verpackte, eingeschweißte Messer. Damit wollte er sicher gehen, sich während der Operation nicht mit ansteckenden Krankheiten wie AIDS zu infizieren. Dennoch hatte Maulidi

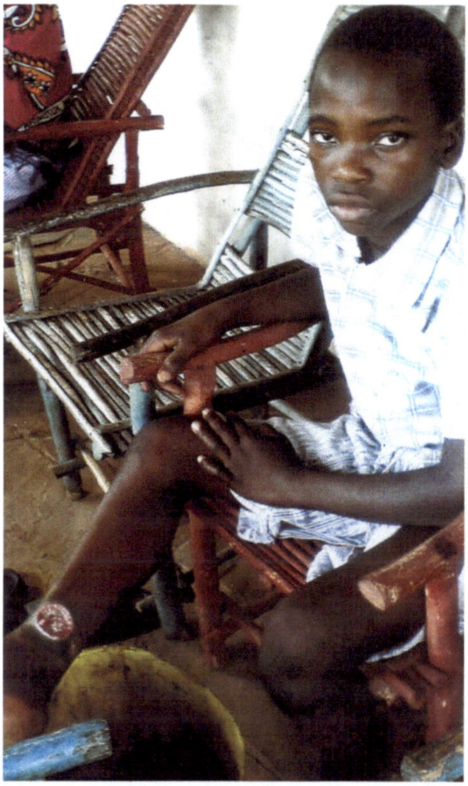

a)

c)

Der Junge kam insgesamt über einen Zeitraum von zwei Monaten zu mir. Dann war seine Wunde vollständig ausgeheilt (b).

Das Bild hat Frau Güpner fotografiert, als wir den Jungen im Juni 2014 zufällig auf dem Weg von der Schule nach Hause trafen (c).

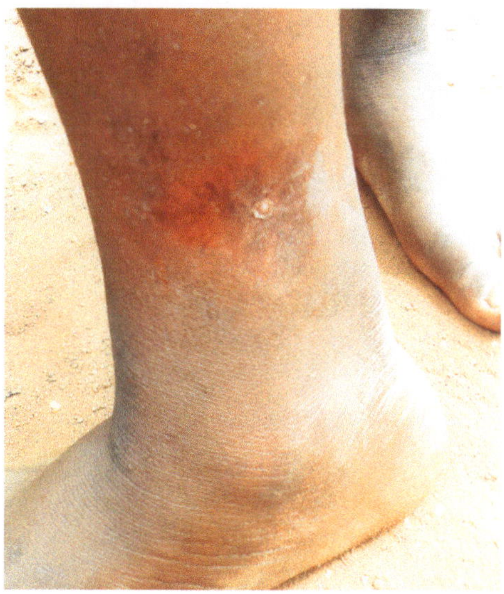

b)

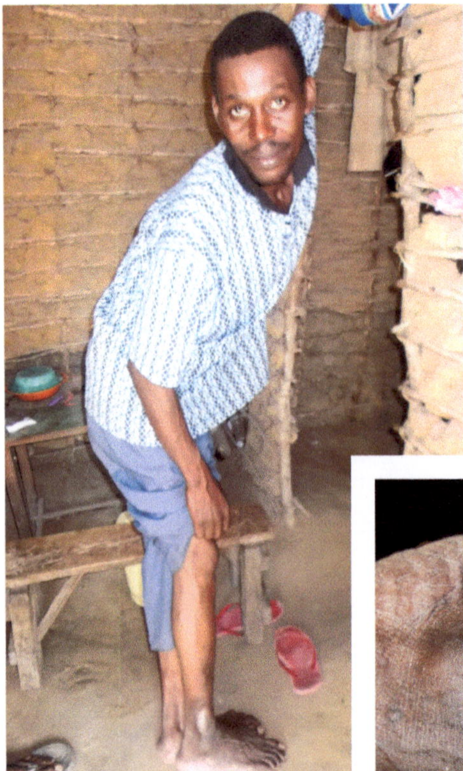

Maulidi und seine geheilte Wunde

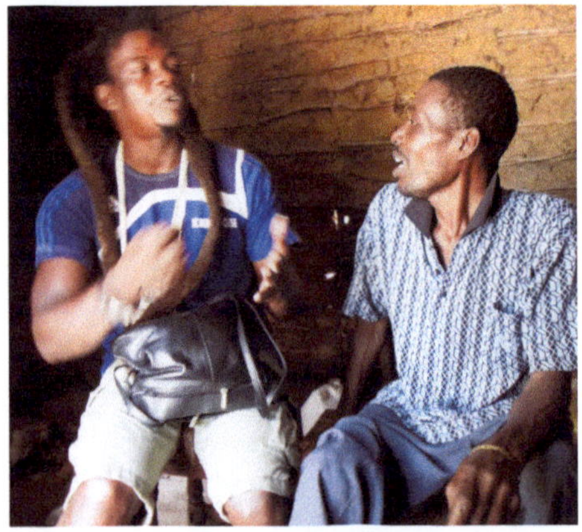

Ramadhan und Maulidi

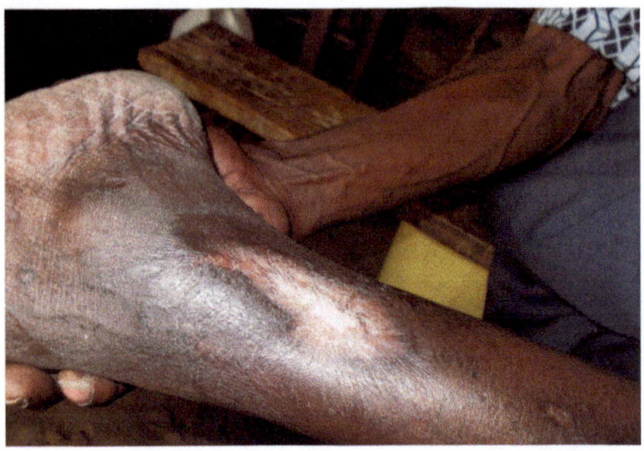

Angst, dass eine Hauttransplantation ihm weitere Probleme an einer anderen Körperstelle (z. B. Oberschenkel, wo Haut entnommen werden sollte) bringen könnte. Er bat mich, ihm zu helfen. Bis zu dieser Zeit hatte ich schon viele Wunden behandelt; sie waren aber nicht so alt und auch längst nicht so tief. Auch wollte ich die ärztliche Diagnose nicht in Frage stellen.

Ich schlug vor, mit der Behandlung zu beginnen. Wir wollten sehen, wie weit wir bis zum Operationstermin kommen, der aber noch nicht bekannt war. Bereits nach wenigen Tagen der Behandlung mit Kolloidalem Silber, selbst gefertigter Salbe, die unter anderem Moringa-Öl enthielt und Neem-Kapseln, die er schluckte, ging es ihm besser.

Als ich in der zweiten Woche zur Behandlung kam, begrüßte er mich schon vor seiner Hütte auf einer Matte liegend. Er konnte sich ohne starke Schmerzen bewegen und nahm wieder am Familienleben teil. Maulidi war glücklich, denn er erlebte hautnah den Heilungserfolg und hatte für sich entschieden, dass er zum Operationstermin mit dem Messer antreten würde. Dann wollte er den Ärzten die geheilte Wunde zeigen. Als die Ärzte die noch nicht ganz verheilte Wunde sahen, waren sie überrascht und wollten den „Heiler" kennenlernen.

Maulidi ging nach sechs Monaten Behandlung wieder arbeiten. Noch heute begrüßt er mich lautstark, wenn wir uns begegnen und erzählt allen Leuten von seiner Heilung. Er benötigte keine Hauttransplantation und ich verhinderte weitere Eingriffe und eventuelle Komplikationen.

2.3. Amina, die Brustkranke, August 2008, ca. 62 Jahre

Im Juli oder August, so genau weiß ich den Monat und den Tag nicht mehr, hörte ich im Radio eine Nachricht. Der Moderator erzählte von einer Frau, die in Kilifi lebte, an einer Brustkrebserkrankung litt und für die es keine Heilung gäbe. Diese Nachricht hatte meine Neugier geweckt. Ich suchte in Kilifi nach dieser Frau. Nachdem ich von einer Familie zur nächsten geschickt wurde, fand ich sie endlich.

Auf der Suche nach ihr erfuhr ich, dass sie über die Großmuttergeneration mit meiner Frau verwandt war. Ich traf also Amina. Was ich dort erlebte, übertraf all meine bis dahin gemachten Erfahrungen. Amina lag in einem dunklen, schlecht durchlüfteten Zimmer und es roch furchtbar. Niemand aus der Familie wollte in der Nähe des Raumes sein. Man ekelte sich und dementsprechend war auch die Pflege und Fürsorge für diese alte Frau ungenügend.

Ebenso fürchterlich sahen ihre Brüste aus. Beide Brüste - eine vollständig, die zweite zur Hälfte – waren völlig vereitert. Sie hatte große Schmerzen und Fieber. Was ich später nach mehreren Behandlung erfuhr, war ebenso tragisch. Erst einmal sah ich mir die Brüste genauer an und begann, sie Quadratzentimeter für Quadratzentimeter mit Kolloidalem Silber zu reinigen. Danach trug ich eine Schicht Aloe-Vera-Gele auf und deckte die Wunde ab. Ich gab ihr meine Artemisinin-Neem-Kapseln und Neem-Tee zum Trinken.

Endlich, nach zehn Tagen, ließ der unerträgliche Geruch nach und bei Amina stellte sich eine leichte Verbesserung des Gesundheitszustandes ein. Nun konnte sie mir auch ausführlicher erzählen, wie alles vor ca. 30 Jahren, ja dreißig Jahren, begonnen hatte. Es begann im Jahr 1978 mit einem kleinen Pickel; sie erinnerte sich genau, denn es war das Jahr, als unser erster Ministerpräsident Kenyatta starb. Nach und nach wurde dieser Pickel immer größer und eine Wunde breitete sich auf der gesamten linken Brust aus und zog sich bis zur rechten Brust. Die Haut eiterte, verlor ihre Farbe und Amina hatte starke Schmerzen.

Behandelt wurde sie von vielen Ärzten, sie war in mehreren Krankenhäusern, u. a. im Aga Khan Hospital in Mombasa. Bereits dreimal hatte man über sie und ihre Erkrankung im kenianischen Fernsehen berichtet, ohne die Chance einer medizinischen Betreuung, die Heilung versprach.

Im ersten Halbjahr 2008 war sie in Tanzania, wo man ihr, wie so oft bereits in früheren Jahren, nach Gewebeentnahmen bescheinigte, dass sie keine Krebserkrankung hat. Aber niemand konnte ihr sagen, woran sie tatsächlich litt. Entlassen wurde sie dann wieder mit einer stark eiternden Wunde, weil die Medikamente keine Besserung brachten und geholfen hatte man ihr wieder nicht. Seit vielen, vielen Jahren nahm sie nicht mehr am normalen Leben teil und ihre Familie hatte Kosten in nun nicht mehr bezahlbarer Höhe.

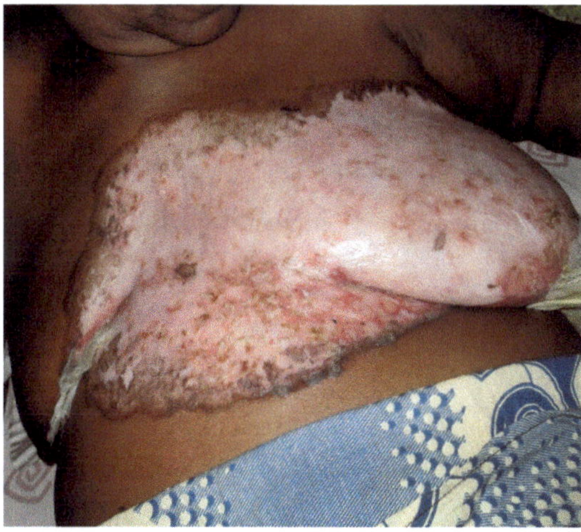

Amina, die Brustkranke

Neem Patch Vorbereitung

Von dem Tag an, als ich Amina erstmals sah, begannen tägliche Behandlungen. Es gelang mir, Amina ein erträgliches Leben wieder zu geben. Sie sagte oft zu mir, dass sie nun weiß, sie stirbt nicht an dieser Krankheit, sondern an irgendetwas Anderem. Ich habe ihr geholfen, wieder am Leben teilzunehmen, wenn auch eingeschränkt. Aber sie konnte wieder Besuche empfangen, ihre Kinder und Enkel hautnah erleben. Es war mir gelungen, die Brüste trocken, von Eiter befreit zu halten. Dennoch kam es in unregelmäßigen Abständen zu Fieberschüben. Die Brüste eiterten dann auch und erst nach mehreren Behandlungen ging es Amina wieder gut.

Auf Grund der langwierigen Behandlung schrieb Frau Güpner im Frühjahr 2010 viele (genau 12) Kliniken und Universitätskliniken für Dermatologie in Deutschland an. Sie schilderte mit Fotos den Sachverhalt und bat um Hinweise, Ratschläge und Unterstützung. Nur leider gab es wenige Reaktionen (konkret zwei). Man schlug vor, die Patientin nach Deutschland zu bringen, damit man sie dort untersuchen und behandeln könne. Aber wie das bezahlt werden soll, wer die Kosten übernehmen könnte, wurde nicht gesagt. Eine Ärztin aus der Schweiz, die in Benin tätig war, antwortete und empfahl uns, die Blätter des Neem-Baums zu zerreiben, bis sie eine geleeartige Masse bilden.

Diesen „Neem-Patch" sollten wir nach der Reinigung der Wunde auftragen. Ich sammelte eine große Menge Blätter. Es gelang mir in anstrengender, zeitaufwendiger Arbeit nur eine kleine Menge Gel aus den Blättern rauszuquetschen. Auch ein extra dafür gekauftes Mixgerät erhöhte die Ausbeute nicht. Da ich damals mehrere Patienten als „mobiler Heiler" besuchte, blieb mir keine Zeit für die aufwendige Herstellung.

Die Behandlung über mehr als zwei Jahre war für mich anstrengend und kostenaufwendig geworden. Die Familie hatte keine finanziellen Mittel, um die Verbrauchsmaterialien und die Behandlung zu bezahlen. Nur dank der Sponsoren konnte ich wenigstens das Verbrauchsmaterial wie Binden, Kompressen, Kolloidales Silber und Artemisinin-Neem-Kapseln bereitstellen. Weitere Kosten entstanden durch die täglichen, später zweitägigen Fahrten nach Kilifi zur Behandlung. Zum Jahresende 2010 - der Gesundheitszustand von Amina war stabil, die Brust bildete bereits neue Haut, es gab kaum noch feuchte Stellen - stellte ich die Behandlung ein. Ich hatte Amina und der Familie gezeigt, wie sie mit Neem und Moringa die Pflege fortsetzten konnten.

Zwischenzeitlich habe ich erfahren, dass Amina verstorben ist, aber nicht an den Geschwüren, die ich nach fast 30-jährigem Leid über Tage, Monate, zweieinhalb Jahre behandelt hatte.

2.4. Omar, die Beinamputation, ca. 8 Jahre

Im September 2008 kam eine junge Frau zu mir nach Mawueni. Sie erzählte mir, dass ihr Sohn Omar sehr krank wäre und bat mich, mit nach Kilifi zu kommen. Omar war als Kleinkind von einem Tier ins Schienbein gestochen worden. Daraus wurde eine dicke Schwellung, die aufplatzte und sich entzündete. Bis zu unserer Begegnung war Omar bereits mehr als sechs Jahre im Krankenhaus behandelt worden.

Als wir nach Kilifi kamen und in die Hütte gingen, saß dort der ca. 8-jährige Junge. Er konnte schon lange nicht mehr laufen, bewegte sich entweder kriechend auf dem Hintern weiter oder wurde von Familienangehörigen getragen. Auf Grund dessen hatte er trotz seiner acht Jahre noch keine Schule besucht.

Seine Mutter zeigte mir den Brief des Krankenhauses, in dem eine Amputation des Beines vorgeschlagen wurde. Sie sollte nun ihre Unterschrift darauf setzen und damit die Amputation, das „nicht mehr laufen können auf eigenen Beinen" für ihren Sohn besiegeln. Sie hatte von anderen Leuten von meinen erstaunlichen Heilerfolgen erfahren und wollte nun mein „Urteil" und meine Hilfe.

Es war eine komplizierte Situation, ich überlegte und entschied mich nach einem ausführlichen Gespräch mit der Mutter, die Behandlung zu beginnen. Ich war überzeugt, Omar helfen zu können. Dennoch schlug ich vor, sollte der Behandlungserfolg innerhalb der nächsten vierzehn Tage ausbleiben bzw. eine Besserung nicht in Sicht sein, muss sie wieder Kontakt zu den Ärzten im Krankenhaus aufnehmen.

Wie bereits bei ähnlichen Verletzungen begann ich, die Wunde mit Kolloidalem Silber zu reinigen und setzte die selbst hergestellte Salbe aus Neem, Artemisinin ein. Um die körpereigenen Kräfte der Wundheilung zu unterstützen, gab ich Omar Neem-Tee und Kapseln. Schnell stellte er fest, die Kapseln sind ihm angenehmer. Der Neem-Tee, der überall bei uns an der Küste selbst gepflückt und verarbeitet werden kann, schmeckte ihm so gar nicht. Seine Mutter hatte nicht das Geld, den Tee mit Honig oder Zucker zu versüßen.

Täglich besuchte ich den kleinen Omar und reinigte seine Wunde und versorgte sie. Nun betreute ich schon mehrere Patienten in Kilifi und meine Tage vergingen mit den Hausbesuchen bei ihnen.

Einmal war ich verhindert, ihn zu besuchen und musste die Behandlung unterbrechen. Als ich nach zwei Tagen wiederkam, war ich erst erschrocken. Omar hatte sich den verschmutzten Verband abgemacht und statt seiner Asche auf die Wunde gegeben. Das tat er, damit die Leute der Nachbarschaft beim Anblick der Wunde keine Angst haben.

Als ich an dem Tag nach Hause kam, stöberte ich in meinen Aufzeichnungen und Büchern. Ich konnte mich davon überzeugen, dass er intuitiv so falsch nicht gehandelt hatte; Asche, die als Rückstand bei der Verbrennung von natürlichen Stoffen entsteht, schadet der Wunde nicht.

Nun, das Holz, mit dem die Frauen bei uns Feuer zum Kochen machen, ist unbehandelt, es ist frei von jeglichen Schadstoffen. Das bestätigte sich auch, diese Selbstbehandlung brachte keine Komplikation.

Die täglichen Besuche dauerten ca. drei Monate. Schon wenige Tage nach Beginn der Behandlung hielt er sich außerhalb der Hütte auf. Er hatte schnell keine Schmerzen mehr und konnte bald wieder laufen.

Die Betreuung wurde noch weitere sechs Monate in größeren Abständen fortgesetzt. Während dieser Zeit konnte er schon wieder mit seinen Geschwistern und Freunden unterwegs sein und Fußball spielen. Leider hat er auch nach seiner endgültigen Wundheilung die Schule nicht besucht. Er unterstützte seine Mutter und Geschwister mit Geld durch Hüten von Kühen und Ziegen anderer Familien.

Wichtig ist, Omar kann wieder laufen und ich konnte mit der Behandlung, basierend auf den Pflanzen unserer so reichen Natur und mit viel Geduld, ein Kinderbein retten.

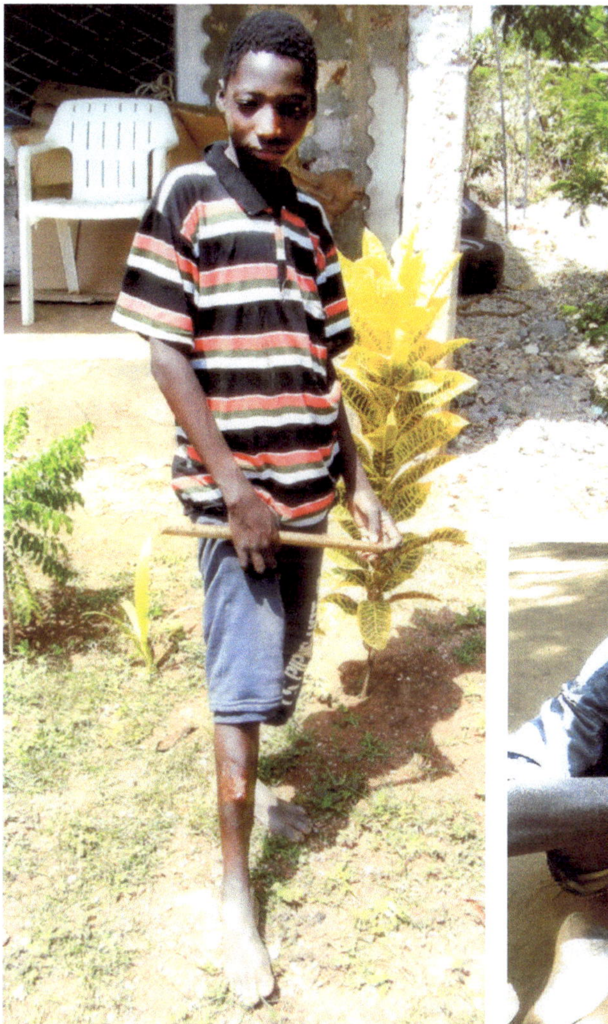

c)

a)

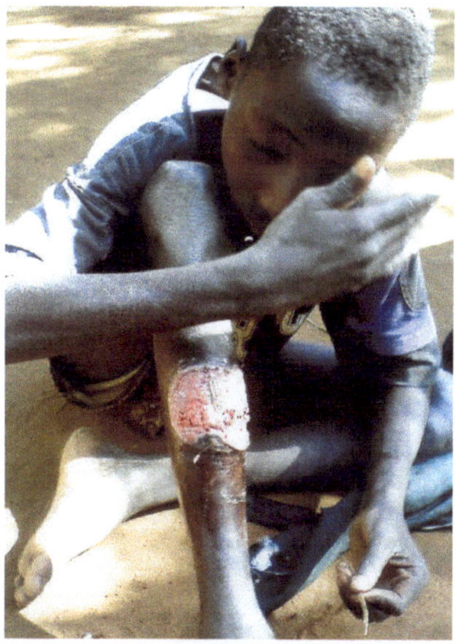

Täglich besuchte ich den kleinen Omar und reinigte seine Wunde und versorgte sie (a).

Asche, die als Rückstand bei der Verbrennung von natürlichen Stoffen entsteht, schadet der Wunde nicht (b).

Omar kann wieder laufen (c).

b)

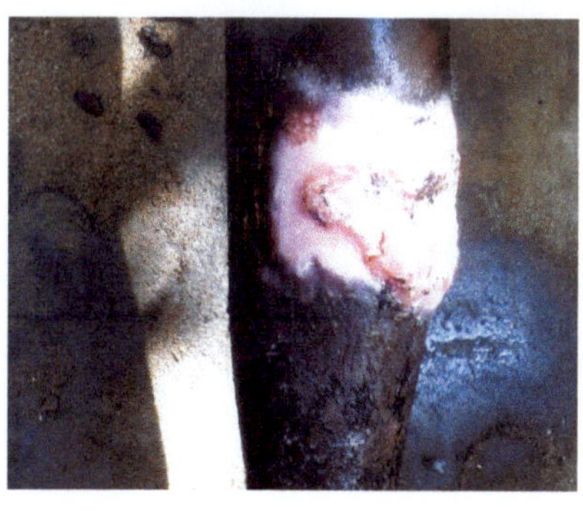

Malmesi während der Behandlung

2.5. Malmesi, der Fischer, 2009, 25 Jahre

Es war Weihnachten 2009, als zwei junge Männer zu mir nach Hause kamen. Sie erzählten mir folgendes: Ihr Bruder, 25 Jahre alt, ein Fischer, war wenige Tage zuvor nach Malindi gegangen, um seinen Fang dort auf dem Markt zu verkaufen. Die Einnahme war so groß und er so zufrieden, dass er mit Freunden die nächste „Mnazi-Tankstelle" (Palmschnapsrestaurant) aufsuchte. Er sagte diesem traditionellen Getränk so stark zu, dass er sich nicht mehr auf den Beinen halten konnte. Dennoch zog er auf unbeleuchteter Straße schwankend nach Hause. Er konnte sich später nicht mehr genau daran erinnern, was geschehen war, denn er war viele Stunden ohne Bewusstsein. Vermutlich war er von einem Auto angefahren und in einem Graben geschleudert worden.

Seine Familie und seine Freunde suchten ihn am nächsten Tag. Sie fanden ihn nicht. Erst Fußgänger, die die Straße entlang gingen, hörten am übernächsten Morgen seine Hilferufe. Einer erkannte ihn, und man brachte ihn sofort in das Krankenhaus Malindi. Dort wurde er behandelt – man stellte einen Bruch am linken Bein fest, welches eingegipst wurde. Eine offene Wunde am rechten Bein wurde nicht weiter behandelt.

Nun standen sie vor mir und baten mich, ihrem Bruder zu helfen. Auch sie hatten von meinen erfolgreichen Wundbehandlungen gehört. Ich besuchte also Malmesi und sah mir seine Verletzungen an. Die offene Wunde des rechten Beines behandelte ich mit Kolloidalem Silber und meiner Salbe. Das eingegipste Bein schmerzte ihn sehr. Die hohen Temperaturen, die Luftfeuchtigkeit und eine offene Wunde sorgten wohl für eine schwere Entzündung dieses Beines.

Ich traute mich nicht, den Gips zu öffnen, riet ihm aber am nächsten Tag, einen kleinen Schnitt in den Gips zu machen, damit die angestaute Wärme und Feuchtigkeit entweichen konnte.

Ich gab ihm Kapseln und unterstützte die Behandlung mit MMS-Tropfen und Moringa-Pulver. Aufgrund seiner großen Schmerzen reduzierten wir täglich Stück für Stück den Gipsverband, bis wir ihn wegen der nun sichtbaren Entzündung und offenen Wunde nach etwa zwei Wochen ganz abnahmen. Der Bruch machte ihm keine Probleme mehr, aber das Bein war entzündet und die Wunde eiterte und sah nicht gut aus. Nun behandelte ich beide Beine mit Kolloidalem Silber, meiner Salbe und gab ihm zusätzlich Neem-Tee sowie Moringa-Blatt-Pulver.

Nach etwa dreieinhalb Monaten konnte ich die Behandlung erfolgreich abschließen. Leider fand diese Betreuung kein gutes Ende. Malmesi wollte seine Behandlung – seine Wunden waren vollständig verheilt, er konnte wieder normal gehen – bezahlen. Um das zu tun, verkaufte er ein Stück seines Grundstücks und bezahlte mir 7.000 KSh (ca. 70 EUR).

Wenige Tage später fand man ihn tot auf seiner Toilette und des letzten Geldes, welches vom Verkauf des Grundstücks übrig war, beraubt. Die Täter oder den Täter hat man nie gefunden.

Leider finde ich keine weiteren Bilder von Malmesis Behandlung. So wie von vielen anderen Behandlungen auch keine vorliegen. Es ist nicht leicht, alles fotografisch festzuhalten. Einmal vergisst man den Fotoapparat, das nächste Mal sind die Umstände so, dass man nicht fotografieren möchte. Und zu dieser Zeit habe ich auch nicht darüber nachgedacht, meine Erfahrungen mal in einem Buch niederzuschreiben.

2.6. Watuma, der Motorradunfall, 2011, ca. 55 Jahre

Eine weitere Patientin wurde mir von meinen beiden Gartenhelfern gebracht. Auf dem Weg zu mir bemerkten sie eine alte Frau, die sich nur langsam fortbewegte. Sie sahen, dass sie eine große Wunde am rechten Fuß hatte.

Sie fragten, was geschehen sei. Frau Watuma erzählte ihnen, dass sie zwei Jahre zuvor bei einem Motorradunfall verletzt wurde. Keine Krankenhausbehandlung konnte diese große Wunde am Fuß schließen; sie lebte nun schon so lange mit diesen Schmerzen und der offenen Wunde.

Da sie nur wenige Meter von meinem Haus entfernt ihren Mann besuchte, schlugen meine Helfer ihr vor, sich doch mal bei mir vorzustellen. Was sie dann auch tat.

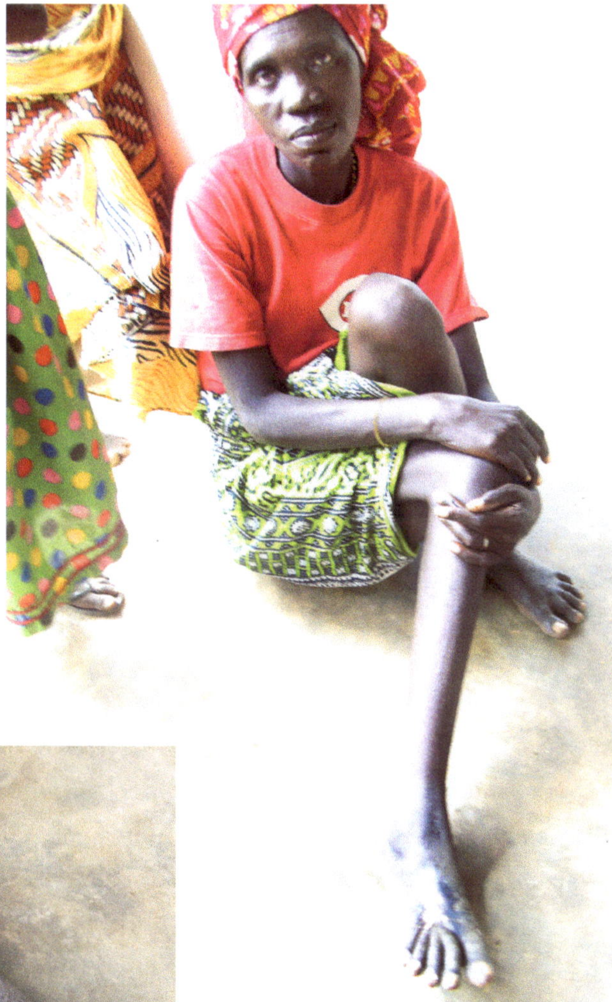

Watuma nach sechs Wochen Behandlung

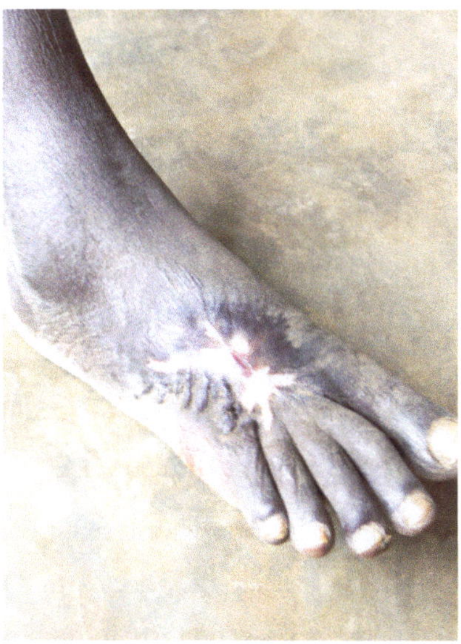

(...) auch wenn die Narbe optisch nicht ganz so schön aussieht. Heute läuft sie wieder schmerzfrei.

Ich behandelte die Wunde drei Tage mit einer MMS-Lösung als Wickel – das war mein erster Versuch. Schnell war die Wunde sauber und rein. Ich staunte nicht schlecht, als sich die Haut wieder neu bildete. Dann begann ich meine Salbe aufzutragen und nach nur ca. sechs Wochen war die Wunde fast verheilt. Frau Watuma kam nur noch, um sich eine kleine Dose Salbe zu holen und die Behandlung selbst durchzuführen. Begleitend gab ich ihr, wie in anderen Fällen auch, Artemisinin-Neem-Kapseln, um die inneren Selbstheilungskräfte zu unterstützen.

Sie ist mir sehr dankbar, auch wenn die Narbe optisch nicht ganz so schön aussieht. Heute läuft sie wieder schmerzfrei. Frau Watuma besucht mich ab und zu, um „Hey" zu sagen.

2.7. Juma Baya, der Steinbrucharbeiter, 2012, ca. 21 Jahre

Am 31.12.2011 arbeitete Juma im Steinbruch. Hier werden aus dem Korallen-Erdreich Steine geschnitten. Normalerweise feiern die Menschen auch bei uns den Jahreswechsel, aber er musste noch arbeiten, um für die Familie Lebensmittel kaufen zu können. Beim letzten zu beladenden Lkw fiel ein Stein runter und verletzte sein Bein. Er hatte keine Schuhe, schon gar keine Arbeitsschuhe, an.

Man brachte ihn ins Krankenhaus, wo er behandelt wurde – er erhielt eine schmerzlindernde Spritze und Kortisonsalbe wurde auf die Wunde aufgetragen. Er wurde dort über drei Wochen behandelt. Der Zustand des Beines verschlechterte sich akut. Das Ergebnis der Krankenhausbehandlung: Der Fuß eiterte, kleine Tiere hatten sich bereits auf dem Fuß niedergelassen.

Juma hatte starke Schmerzen, sein Bein war bis zum Knie angeschwollen und er konnte nicht mehr laufen. Als ihn die Ärzte, als letzte Möglichkeit vorschlugen, den Fuß zu amputieren, beriet er sich mit seiner Familie. Wieder hatte ein Familienmitglied bereits von mir und meinen Behandlungserfolgen gehört, Juma wohnte nicht weit von Malmesi. Sie beschlossen, mit mir Kontakt aufzunehmen. Sie kamen am 18. Januar 2012 zu mir und ich ging mit ihnen. Ich war über das Aussehen des Fußes geschockt, aber sagte zu, die Behandlung zu beginnen.

Ramadhan behandelt die Wunde

GUAVE

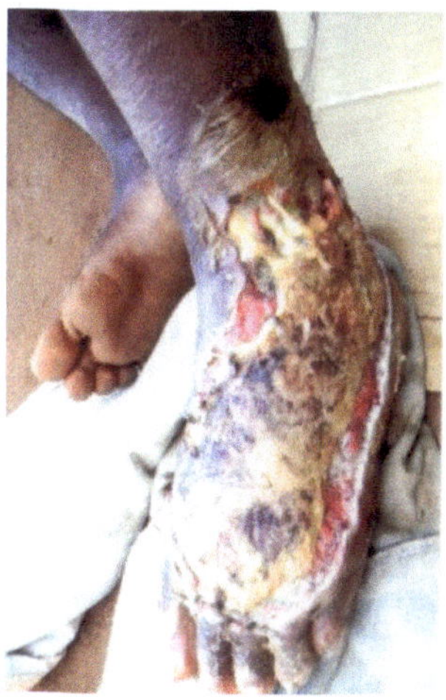

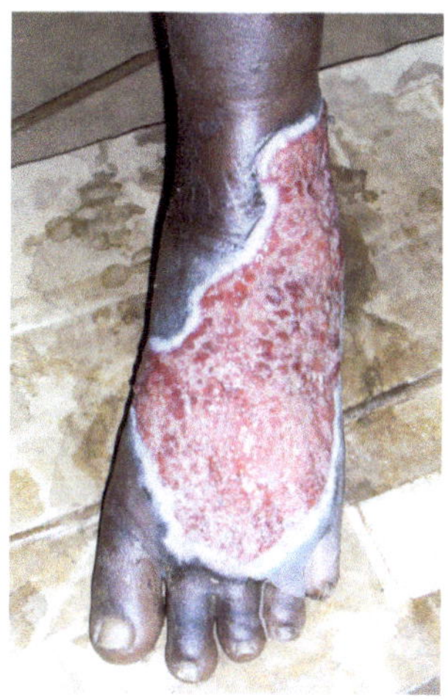

Wie gehabt, reinigte ich als erstes den Fuß mit Kolloidalem Silber, trug eine Salbe aus Neem, Moringa, Guave- und Kasialatta-Blättern auf (...)

(...) Bereits nach einer Woche Einreibung ließ die Schwellung nach, die Wunde war ebenso nach wenigen Tagen ansehnlicher.
Schmerzfrei war Juma nach ca. elf Tagen.

Wie gehabt, reinigte ich als erstes den Fuß mit Kolloidalem Silber, trug eine Salbe aus Neem, Moringa, Guave- und Kasialatta-Blättern auf. Das Bein wurde mit Mgafari eingerieben. Die Wurzeln dieses Baumes, der an der Küste wächst, werden zu Brei gerieben und dieser auf das geschwollene Bein gestrichen. Damit wird die Schwellung raus genommen.

Zur Behandlung erhielt er täglich ein Getränk mit MMS-Tropfen, Artemisinin-Neem-Kapseln sowie Moringa-Pulver. Die Reinigung der Wunde erfolgte mit Kolloidalem Silber, anschließend wurde sie mit den von mir gefertigten Salben bestrichen. Dabei setzte ich unterschiedliche Pflanzen ein.

Bereits nach einer Woche Einreibung ließ die Schwellung nach, die Wunde war ebenso nach wenigen Tagen ansehnlicher. Schmerzfrei war Juma nach ca. elf Tagen.

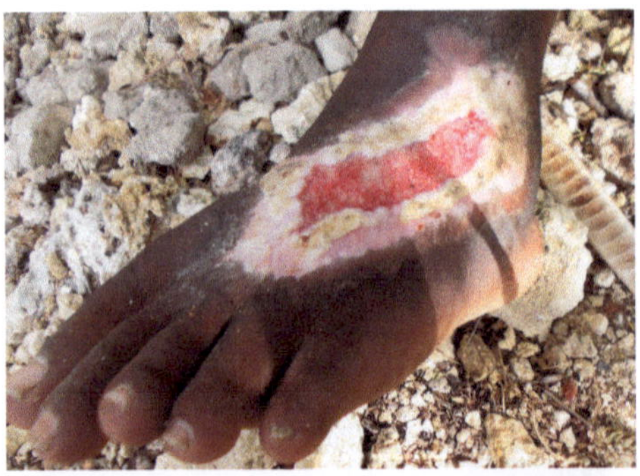

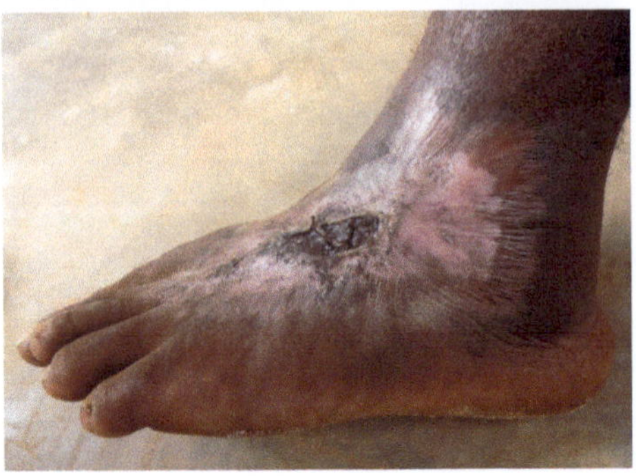

Langsam, sehr langsam, schloss sich die Wunde, die Narbenhaut rieben wir mit Moringa-Öl ein. (...)

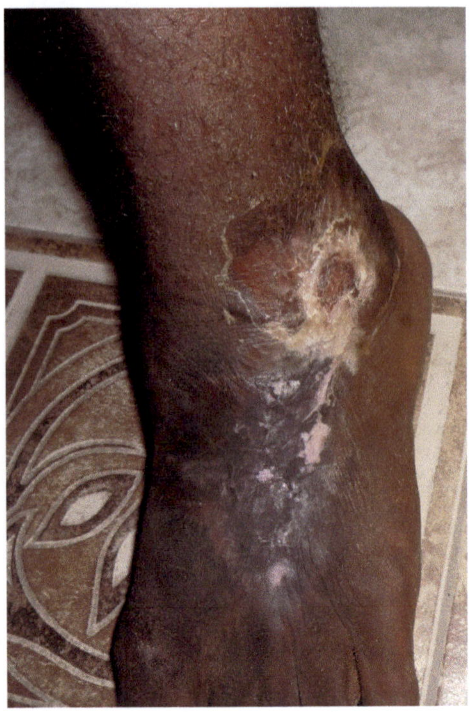

Mit dieser intensiven, aber schlussendlich machbaren Behandlung wurde das Bein des jungen Mannes erhalten (...)

Juma Baya, seine Frau und sein Kind

Dabei fällt mir noch ein, dass ich ihm für drei Tage schmerzlindernde Tabletten gab, die Frau Güpner zufällig bei sich hatte, als sie am 24. Januar nach Kenia gekommen war. Ich hatte sie vom Flughafen abgeholt und wir fuhren direkt zur Behandlung von Juma.

Über einen Monat wechselte ich den Verband täglich, bis zum Juli alle zwei bis drei Tage, und später kam ich einmal wöchentlich und brachte Salben und Verbandsmaterial mit. Anfang Juli ging er schmerzfrei ohne Stock und kam dann oft selbst zur Behandlung.

Langsam, sehr langsam, schloss sich die Wunde, die Narbenhaut rieben wir mit Moringa-Öl ein. Zwischenzeitlich behandelte ich die Wunde, die nun nicht mehr verbunden war, auch mit einem Pulvermix aus Neem und Asche aus Blättern der Wassermelone. Das beeinflusste die Hautbildung positiv.

Mit dieser intensiven, aber schlussendlich machbaren Behandlung wurde das Bein des jungen Mannes erhalten. Und damit die Chance für ihn, auf eigenen Beinen zu stehen. In dieser Zeit wurde er auch Vater und längst schon arbeitet er wieder im Steinbruch.

2.8. Mädchen aus Vitengeni, 2014, ca. 28 Jahre

Früher waren es die Buschtrommeln, die Informationen jeder Art weitergaben. Der heutige Buschfunk geht über Handys.

So wurde ich eines Tages im Juli/August 2014 von einer Frau angerufen, die im Dorf Vitengeni, etwa 120 Kilometer von uns entfernt, wohnt. Sie hatte von einer Nachbarin gehört und gezeigt bekommen, dass ich eine Wunde bei ihr erfolgreich behandelt hatte.

Die Frau am anderen Ende des Telefons erzählte mir, ihre Tochter liegt seit vielen Monaten krank im Bett. Sie hatte eine Brustentzündung, die von den Ärzten leider nicht erfolgreich behandelt worden war. Nun hatte man ihr vorgeschlagen, wie bereits in vorhergehenden Fällen erzählt, eine Operation vorzunehmen. Die Behandlungen hatten die Familie sehr viel Geld gekostet, Schulden angehäuft und der Tochter jeden Lebensmut genommen, dass an eine Operation nicht mehr zu denken war. Ich war nun für die Mutter ein kleiner Hoffnungsschimmer.

So bat ich sie, mich in unserem Gesundheitszentrum aufzusuchen. Was die beiden Frauen dann am nächsten Tag auch taten. Die junge Frau, ca. 28 Jahre alt, kam mit ihrer Mutter in mein Behandlungszimmer. Sie setzten sich und die Mutter erzählte mir noch einmal, wie sich das Problem entwickelt hatte. Die Tochter saß abwesend auf ihrem Stuhl und ich konnte sehr deutlich erkennen, dass sie nach all den erlittenen Schmerzen und Behandlungen wenig Hoffnung hatte. Ich sagte ihnen, dass ich schon mehrfach erfolgreich schwere Wunden behandelt hätte, aber kein Versprechen geben könne, diese Behandlung, mit einem positiven Ergebnis zum Abschluss zu bringen.

So viele Ärzte hatten sich zuvor bereits vergeblich bemüht. Dennoch waren meine Gedanken darauf gerichtet, ihr so gut es mir möglich ist, zu helfen. Ihre Brust

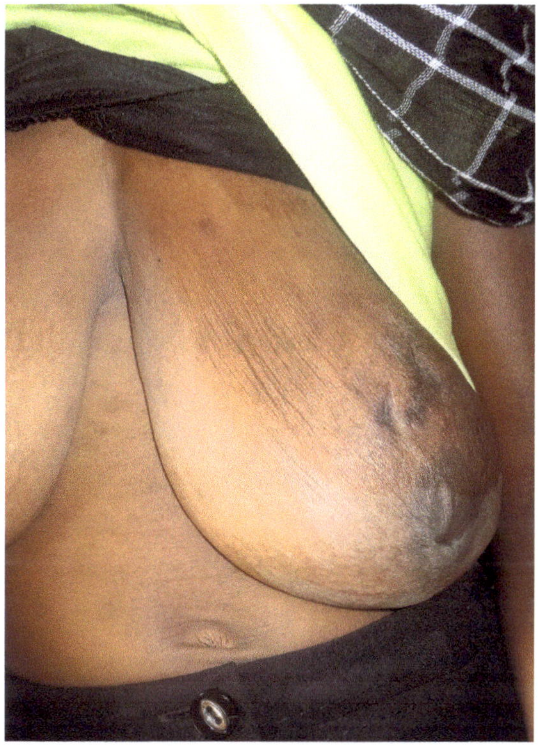

Die geheilte Wunde

war fest in eine Kanga eingewickelt. Als sich diese löste, fiel eine sehr große Brust raus und die Haut platzte an einer Stelle gleichzeitig auf. Aus dieser offenen Stelle lief sofort eitrige Flüssigkeit heraus. Ich nahm einen Eimer, den wir darunter hielten und es lief anfangs ohne Zutun weiterhin Eiter aus dieser Brust. Dann drückte ich, versucht ihr wenig Schmerzen zu machen, weiteren Eiter raus. Am Ende waren es bald drei Liter Flüssigkeit, die aus der Brust rauskamen.

Der Geruch war für alle nicht sehr angenehm. Ich selbst hatte einen ähnlichen Geruch bei anderen Patienten schon erlebt und war nicht so erschrocken wie die Frauen.

Ich kochte Neem-Blätter und reinigte damit die Brust. Danach trug ich meine Salbe aus Neem und Artemisinin auf und verpackte die Brust, die jetzt wesentlich kleiner war, in Verbandstoff ein. Der Druck, der auf dieser kranken Brust lag, war erst einmal beseitigt. Ich gab der jungen Frau Kapseln mit Atemisinin-Neem-Blättern sowie Neem-Tee zur weiteren Behandlung.

Ich bat sie, mich nach zwei Tagen wieder aufzusuchen. Da ihr Weg sehr weit war, sollten sie versuchen, bei Angehörigen oder Freunden unterzukommen. Sie sagten mir, dass sie sich nicht trauen, jemanden zu bitten, sie aufzunehmen. Die Menschen haben Sorge, sie könnten sich anstecken; auch wollten sie niemandem zur Last fallen. So machten sie sich auf den langen Heimweg, um zwei Tage später wieder zu mir zu kommen.

Als sie, wie vereinbart, vor mir standen, sah ich der jungen Frau schon an, dass es ihr besser gehen musste; sie lächelte und sie hatte keine Probleme beim Entfernen des Verbandes. Ich wiederholte die Behandlung des ersten Tages und wir vereinbarten einen nächsten Termin in fünf Tagen.

Die Brust war zwischenzeitlich trocken geworden, es roch nicht mehr unangenehm und die Schmerzen waren im Wesentlichen verschwunden. Dieses Mal reinigte ich die Brust mit Zitronensäure und legte einen Verband mit meiner Salbe an. Die Brust war jetzt so weit in Ordnung, dass ich der jungen Frau und ihrer Mutter erklären konnte, wie sie die Behandlung ohne Probleme weiterführen können. Ich gab ihnen das notwendige Material – Salbe, Zitronensäure, Verbandsmaterial – mit und wir vereinbarten einen nächsten Termin in drei Wochen.

Die Abstände ihrer Besuche wurden immer größer und dann kamen sie nur, um sich mit Artemisinin-Tee zu versorgen. Wir stellten fest, dass sich die Brust langsam wieder in ihre ursprüngliche Form zurückzog. Ansonsten hatte sie keine Probleme mehr, die Schmerzen waren längst weg, die Narbe verheilt.

Die Familie ist mir sehr dankbar, dass ich ihrer Tochter geholfen habe und die junge Frau selbst fühlt sich wieder wohl und kann auch ihre Verpflichtungen als Mutter eines kleinen Kindes erfüllen.

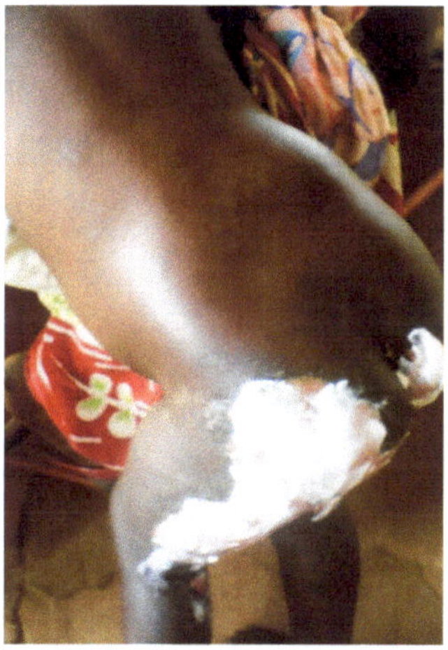

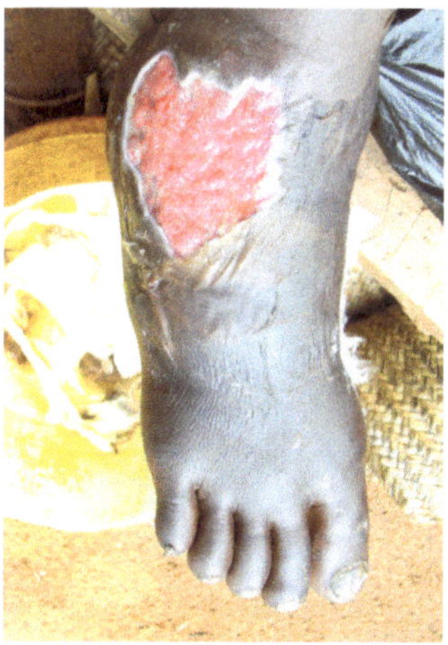

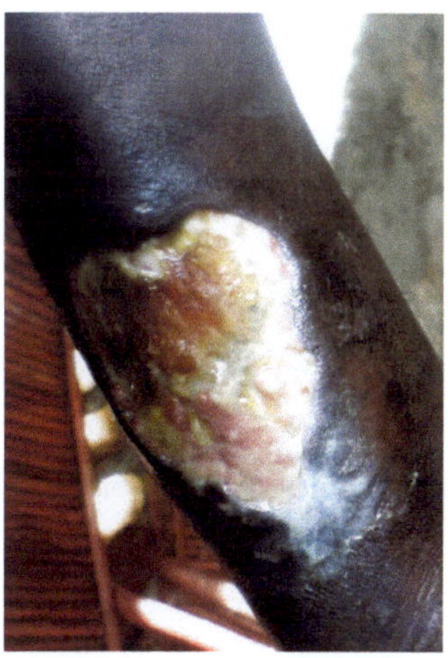

2. 9. Weitere Einzelfälle

Neben den dokumentierten Fällen gab es viele Verletzungen, die ich aufgrund der gesammelten Erfahrungen und Informationen bis zur Heilung behandelt habe.

Oftmals waren es ähnliche Wunden wie bereits in den vorhergehenden Fällen geschildert – offene, lange Zeit nicht heilende Verletzungen an Beinen, Armen und anderen Körperteilen. Des Weiteren zählen vor allem Verbrennungen zu den oft behandelten Verletzungen.

Ich erinnere mich, als der erste Patient zu uns kam mit Verbrennungen an Armen und Oberschenkel. Er hatte sich mit heißem Wasser verbrüht. Ich wusste in diesem Moment nicht, was ich als erste Maßnahme tun sollte und musste ihn auf den langen Fußmarsch ins Krankenhaus nach Kilifi schicken.

Damals wie heute fahren nach 20 Uhr keine Matatus (3) von unserem Dorf nach Kilifi. Das Krankhaus Kilifi liegt etwa 12 Kilometer entfernt. Dieser Straßenabschnitt ist die hügelreichste Strecke der Mombasa-Road Richtung Malindi. Man läuft bergauf und bergab am Straßenrand, der völlig unbeleuchtet und unwegsam ist. Ein gesunder, schnellfüßiger Mensch benötigt bestimmt zwei bis drei Stunden für diese Strecke.

Ich hatte noch kein eigenes Fahrzeug, um ihn dort hinzufahren. Vorbeifahrende Autos halten nicht an, weil die Fahrer Sorge haben, dass sie überfallen werden.

Heute gibt es in unserem Dorf viele junge Männer, die ein Motorrad-Taxi haben und oftmals Patienten transportieren. Dafür gibt es aber auch mehr Verbrennungen, denn viele Mitfahrer (oft bis zu vier Menschen) übersehen die Wirkung eines heißen Auspuffrohres.

Also, damals war ich sehr unglücklich, hier nicht helfen zu können. Noch am nächsten Tag suchte ich nach Informationen zum Thema „Verbrennung". Ich erfuhr aus dem mir vorhandenen Materialien und Gesprächen mit Frau Güpner, dass die Aloe Vera - Pflanze eines der besten Mittel gegen Verbrennungen und Wunden sei. Wir hatten in unserem Garten nur eine kleine, unauffällige Pflanze.

Auf meinen früheren Fahrten als Safari-Betreuer hatte ich beobachtet, dass es auf dem Weg nach Tsavo-Ost am Straßenrand viele Aloe Vera - Pflanzen gab. Ich kannte sie, wusste damals aber noch nichts über ihre Heilkraft.

Ich mietete wenige Tage später ein Matatu, lud Frau Güpner, meine Frau und unseren Sohn sowie zwei Freunde ein, um in Richtung Tsavo-Ost nach diesen Pflanzen zu suchen.

Wir wurden fündig, gruben mehr als fünfzig Pflanzen im Kampf gegen den trockenen Boden aus und beluden das Matatu damit. Es wurde eine lustige, stachlige Heimfahrt. Wir waren neben dem Fahrer sechs Personen, die zwischen den vielen Pflanzen saßen (einige waren knapp einen Meter hoch und hatten einen Durchmesser von bis zu 80 Zentimeter) und versuchten uns so recht und schlecht vor ihren Stacheln zu schützen. So manche kleine Wunde wurde nachträglich mit meiner Salbe behandelt.

Ein Motorrad-Taxi

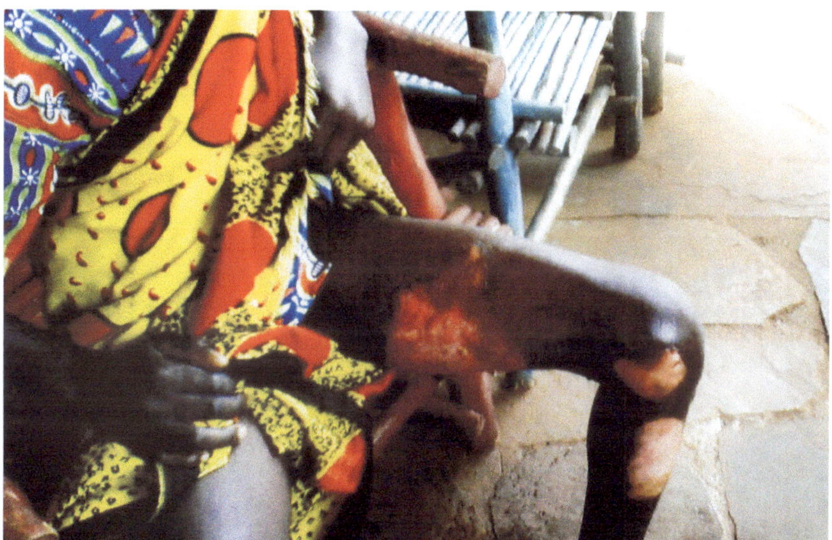

Verbrennungen

Am nächsten Tag setzten wir alle Pflanzen in unserem Garten ein. Seit dieser Zeit ist die Aloe Vera eines der wichtigsten Heilmittel, das ich bei der Behandlung von Verbrennungen und anderen Verletzungen verwende. Bei Brandwunden trage ich unter anderem aber auch mal eine Mischung aus Papaya Saft und Zucker auf.

Wie bereits erwähnt, gibt es oft Patienten, die mit Schlangenbissen und Insektenstichen kommen. Hier ist schnelles Reagieren notwendig. Schlangenbisse behandle ich, indem ich selbstgefertigte Schlangensteine auf den Biss lege. Damit wird das Gift raus gezogen, nachträglich werden sie mit Salbe behandelt. Ich empfehle ihnen, ins Krankenhaus zu gehen.

Skorpione, Insekten, Spinnen, Ameisen und noch viel mehr Kleingetier gibt es in Afrika mehr als genug. Nicht alle leben mit uns Menschen friedlich nebeneinander, so dass immer wieder geschwollene Gliedmaße von deren feindlichen Übergriffen zeugen. Insektenstiche lassen sich gut mit meiner Salbe aus Neem und Artemisinin behandeln.

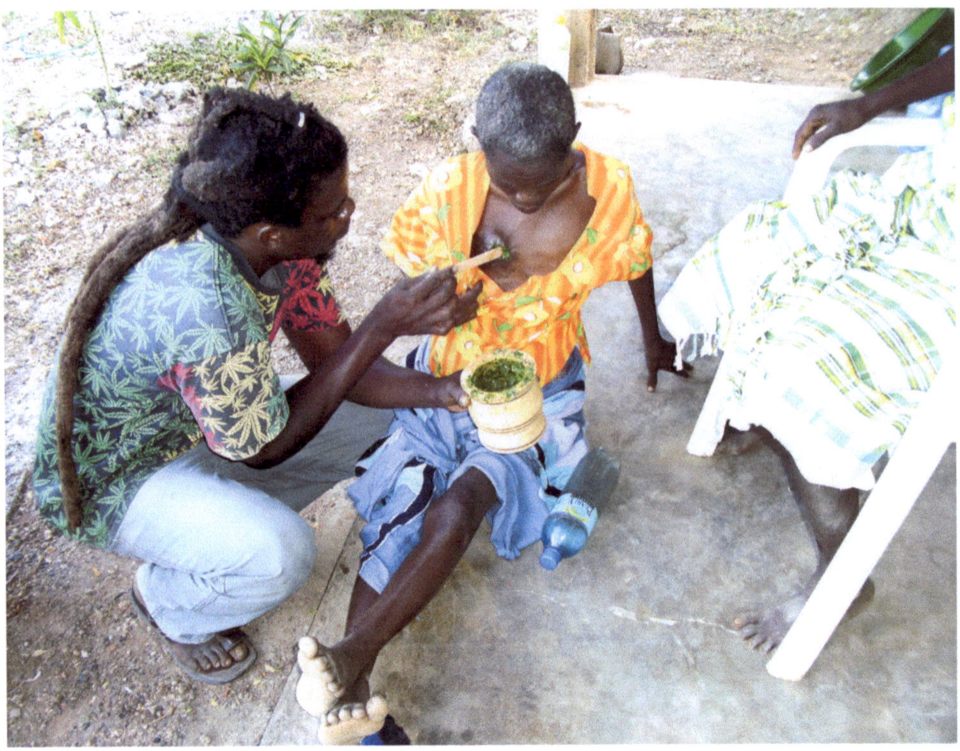

Die Behandlung einer Wunde mit einem pflanzlichen Patch

Nach den geschilderten Fällen werden sich viele Leser fragen, wie das möglich ist, unter solch einfachen, für Außenstehende „unhygienischen" Verhältnissen, mit Pflanzen und Kolloidalem Silber Patienten mit so schweren Verletzungen zu behandeln und gesund zu machen. Es ist machbar und die Beweise liegen vor.

Wir haben die Möglichkeit, mit dem, was die Natur für uns bereithält, Wunden zu heilen. Es liegt an uns, das Wissen unserer Vorfahren wiederzuentdecken und anzuwenden.

„Wunder stehen nicht
im Widerspruch zur Natur, sondern
im Widerspruch zu unserem
Wissen von der Natur."

Augustinus
(354-430)

3.

Malaria

Wer in Afrika lebt, kennt sie und hat sie meist selbst durchmachen müssen, oft nicht nur einmal – die Malaria.

Vor Malaria fürchten wir uns nicht nur, sie lässt uns handlungsunfähig werden und, wenn sie nicht behandelt wird, kann sie schwere Auswirkungen haben. Bei jeder schweren Erkältung mit hohem Fieber, Durchfall, Schmerzen im ganzen Körper denken wir an Malaria.

Frau Güpner hat in den ersten Jahren ihrer Aufenthalte drei Mal die schwere Malaria Tropika gehabt. Schon bevor sie selbst daran erkrankte, hatte sie gesehen, wie sehr die Menschen unter dieser Krankheit leiden. Frau Güpner hat immer wieder recherchiert, was man dagegen tun kann. Eine ihrer Empfehlungen war, wir sollten unsere Kinder nach dem abendlichen Bad ordentlich abtrocknen.

Sie hatte nicht Unrecht, denn meine Kinder sind an den Beinen mit vielen Mückenstichnarben übersät. Warum? Wir baden unsere Kinder, wie überall, am Abend, nach dem Spielen und vor dem Schlafen. Da werden die Moskitos mobil und, wenn dann noch ein kleiner See in der Nähe ist, sind sie besonders zahlreich.

In unserem Dorf benutzt niemand Handtücher. Nach dem Bad werden die Kleinen in die Kanga gewickelt und auf dem Rücken der Mama oder anderer Familienangehöriger festgebunden. Die Ärmchen und Beinchen schauen raus und sind mit ihrer Feuchtigkeit ein toller Landeplatz für die Moskitos. Das ist eine Brutstätte für Malaria und im weniger schlimmen Fall für entzündete Moskitostiche, die nicht immer ohne Narben ausheilen.

Wir ziehen am Abend auch nicht, wie die Urlauber, lange leichte Sachen an. Nur wenn die Temperaturen in den Bereich unter 25° Grad fallen. Also, weitere Stichmöglichkeiten für die gefräßigen Insekten.

Vor vielen Jahren war die Ausstattung mit Moskitonetzen noch nicht so flächendeckend wie heute. Damals, noch vor acht, zehn Jahren, schliefen viele Menschen bei uns eingehüllt in eine Kanga ohne Moskitonetz in ihrem Lehmhaus. Die meisten Häuser in unserem Dorf und den umliegenden Ortschaften bestehen aus einem Holzgeflecht verputzt mit Lehm; ebenso ist der Fußboden aus festgestampften Lehm. Es gibt zwar kaum Fenster, aber die Dacheindeckung aus Makuti (4) und die lockere Verarbeitung des Lehms gewähren den Moskitos freien Einflug.

Als nächstes schlug Frau Güpner nun vor, eine Schneidergruppe zu gründen und Moskitonetze zu nähen. Gesagt, getan – sie brachte aus Deutschland nicht nur unsere erste (ihre eigene) Nähmaschine mit, sondern säckeweise Stoffe, Kisten (mehr als 20 Kilo) mit Nähgarn und auch das Material für die Moskitonetze.

Sie erzählte, dass sie mit ihrem Mann viele, sehr viele Geschäfte mit Gardinen durchwühlt hatte, um kostengünstig dieses Material mitzubringen. Sie kaufte noch zwei Nähmaschinen in Mombasa und schickte eine junge Frau zum Schneiderkurs, die dann die anderen Frauen unterrichtet hat.

Es wurde geschneidert, es wurden Blusen und Röcke genäht. Nur das Interesse, Moskitonetze zu nähen, war sehr gering. Als Nähanfänger war es auch nicht ganz einfach, dieses Material zu verarbeiten. Es gelang uns also nicht, das Dorf flächendeckend mit Moskitonetzen auszustatten. Tatsächlich waren es höchstens vier bis fünf Betten. Billiger und zeitsparend war dann schon der Einkauf der Netze im Laden.

Eines Tages, Anfang 2005, berichtete uns Frau Güpner von einem Artikel in einer Zeitschrift. Demnach gibt es ein Kraut, das schon vor 3.000 Jahren Menschen in China vom Wechselfieber geheilt hat; heute nennt man dieses Fieber Malaria. Dieses Kraut heißt Artemisinin. Und da sich Frau Güpner an dem Thema festklammerte, hatte sie schon im Februar das erste Seminar bei der Organisation „anamed" in Deutschland besucht. Wenig später kam sie voll mit Wissen über die „Natürliche Medizin in den Tropen" nach Kenia und wollte u.a. Artemisinin anpflanzen.

Der mitgebrachte Samen wurde gleich nach ihrer Ankunft auf die Pflanzerde gesät. Im Flieger hatte sie sich gebrauchte Plastetrinkbecher von den Stewardessen geben lassen, die nun als Pflanztöpfchen dienten. Schon wenige Tage später sahen wir kleine Pflanzen. Nun, Frau Güpner war zu kurze Zeit da, um sich um die Pflege dieser sensiblen Pflanzen zu kümmern.

Ich selbst war noch nicht ausreichend motiviert und merkte schnell: oh, das kostet Zeit, Geduld und ein besonderes Gefühl für diese Pflanze. Also verlief der erste Versuch ergebnislos. Später erfuhren wir, auch nach Recherchen von Frau Güpner, dass Artemisinin in unserem Küstenbereich, bei der hohen salzhaltigen Luft nicht bzw. schwer wächst. Im Internet hatte sie von einem Projekt gelesen, das Artemisinin in unserer Region anbaute. Wir besuchten dieses Projekt. Es war nur wenige Kilometer von unserem Ort entfernt. Na ja, auch dort waren die Ergebnisse sehr, sehr bescheiden, wenn ich das so sagen kann. Das aus den Pflanzen Tee hergestellt werden sollte, war kaum vorstellbar. .

Frau Güpner wollte dennoch nicht aufgeben. Ein Jahr später versuchte sie, diese sehr empfindliche und pflegebedürftige Pflanze in ihrem Garten in Deutschland anzubauen – mit Erfolg. In einem langwierigen, zeitaufwendigen Prozess erntet sie mit Freunden jährlich mehrere Kilo Artemisinin. Seit dieser Zeit werde ich von ihr mit dem wertvollen Artemisinin-Tee versorgt.

Wir setzten in den folgenden zwei Jahren Artemisinin auch bei der Behandlung von Malaria ein. Der Einsatz von Artemisinin bei Malaria war gut. Nur konnten wir so viel getrocknetes Material gar nicht ranschaffen, um alle Patienten mit Malariadiagnose zu versorgen. Auch waren wir nicht sicher, dass die Patienten den Tee nach Vorschrift wirklich tranken. Immer wieder mussten wir feststellen, dass der Tee aufgrund seines bitteren Geschmacks nicht die vereinbarte Zeit getrunken wurde.

Die Produktion von Artemisinin ist zu aufwendig, der Tee zu kostbar, um am Ende nicht richtig benutzt oder sogar vernichtet zu werden. Also gab es weiterhin die Spritze und Tabletten gegen Malaria.

Im späten Frühjahr 2008 bekam Frau Güpner das Buch „MMS - Der Durchbruch" in die Hände. Darin beschrieb Jim Humble, ein amerikanischer Ingenieur, wie er durch Zufall im südamerikanischen Dschungel Menschen von Malaria mit einem einfachen Mittel (stabilisierter Sauerstoff) geheilt hatte, wie er weiter daran geforscht und die Zusammensetzung verbessert hatte. Er schrieb, dass man mit diesem Präparat innerhalb weniger Stunden Malaria behandeln und heilen kann.

Frau Güpner besorgte sich die benötigten Stoffe – Natriumchlorit und Zitronensäure gleich MMS und probierte es sechs Wochen an sich selbst aus. Sie stellte fest, dass es ihr sehr gut geht und es keine Probleme sowie Nebenwirkungen bei eingehaltener Dosierung gibt. Dann kam sie im Juli mit dem Mittel nach Kenia.

Schon am zweiten Tag ihres Aufenthaltes kam eine schwerkranke Frau mit Malariadiagnose in die Praxis. Sie kam nicht, sie wurde auf einem Fahrrad sitzend, sich auf zwei Personen stützend, in die Praxis getragen. Wir gaben ihr fünf Tropfen MMS und ließen sie zur Beobachtung im Wartebereich sitzen. Schon nach einer Stunde sahen wir, dass es ihr besser geht. Sie fühlte sich auch gut betreut, weil wir immer wieder nach ihr schauten und nach ihrem Befinden fragten. Nach zwei Stunden gaben wir ihr noch einmal zehn Tropfen. Sie strahlte uns an und ging nach etwa dreißig Minuten alleine, ohne Begleitung, nach Hause. Sie kam nicht zur Nachbehandlung. Es ging ihr tatsächlich danach gut, wie ich am nächsten Tag erfuhr.

Eines von vielen weiteren Beispielen ist die Behandlung des District Officers für Land von Kilifi. Wir hatten um neun Uhr einen Termin in seinem Büro. Nun wissen wir in Kenia: kaum ein Mitarbeiter der Behörde erscheint pünktlich zu einem Termin. Meist trifft man sie, wenn man gar nicht mehr mit ihnen rechnet. Ich wartete also gut eine Stunde auf ihn – wir haben ja viel Geduld und Zeit, so sagt man uns Afrikanern nach. Als er dann kam, konnte ich sehen, dass er sich nicht gut fühlte; sein Hemd war völlig durchnässt und er konnte kaum sicher gehen.

Während der Begrüßung erkundigte ich mich nach seinem Gesundheitszustand. Er sagte, er habe Malaria und packte zwei Packungen Medikamente auf seinen Schreibtisch. Ich konnte gleich sehen, es waren nicht die billigsten Malariamedikamente und mehrere Tabletten waren schon entnommen. Ich fragte ihn, ob ich ihm ein paar Tropfen geben könne. Aufgrund der Erfahrungen, immer wieder auf einen Malariakranken zu treffen, habe ich stets ein kleines Nothilfeset bei mir. Er bejahte und bat seine Sekretärin um ein sauberes Glas bzw. eine Tasse und Wasser. Nun, es dauerte eine Zeit, ehe sie eine Tasse brachte. Das Wasser kaufte ein Mitarbeiter bei einem Wasserverkäufer vor dem Bürogebäude. Dann bekam er von mir je acht Tropfen der MMS-Mischung mit Wasser. Zwischenzeitlich hatten wir über die zu klärende Landfrage gesprochen und er legte fest, dass am Nachmittag zwei Mitarbeiter zur Vermessung auf unser Grundstück kommen. Er selbst entschuldigte sich, aufgrund seines Zustandes nicht selbst am Termin teilnehmen zu können.

Drei Stunden später, auf unserem Grundstück, kam mir der District Officer entgegen. Er lachte und fragte, ob er noch einmal ein paar Tropfen von meinem „Zaubertrunk" haben könne. Er fühlte sich gut und wollte dieses Wohlfühlen mit einer weiteren Dosis stabilisieren. Nachdem ich ihm die gewünschte Dosis verabreicht hatte, begann er mit seinen Mitarbeitern bei sicher mehr als 35 Grad Nachmittagshitze mit der Vermessung unseres Grundstücks.

***„Grundsatz bei der Behandlung des Kranken,
stets zweierlei im Auge haben:
helfen oder wenigstens nicht schaden."***

Hippokrates von Kos
*(460 bis etwa 377 v.Chr. Griechischer Arzt
„Vater der Heilkunde")*

Es gibt genug Behandlungsbeispiele, die schnell zu einer Linderung und Gesundung von Malaria mit MMS führten. Diese Erfahrung konnten wir an uns selbst, meinen Familienmitgliedern, Kindern wie Erwachsenen, und vielen, vielen Patienten machen. Meines Erachtens gibt es kein anderes Mittel, das den Kranken so schnell und wirkungsvoll bei Malaria hilft. Und das ohne jede Nebenwirkung – bei der richtigen Dosierung.

Ich gebe den Patienten nie die von Jim Humble und anderen Anwendern empfohlene Dosis von mehr als zwölf Tropfen. Sie erhalten sechs bis acht Tropfen und nach einer Stunde die gleiche Dosis, maximal zehn Tropfen noch einmal. Bei Kindern und Jugendlichen natürlich weniger. Es ist wichtig, dass der Malariakranke sich nach einer Behandlung mit MMS nicht noch schlechter fühlt; bei uns glaubt man oft, man könnte vielleicht vergiftet werden. Ich weiß, dass der manchmal eintretende starke Durchfall und das Erbrechen auf den Körper wie eine Reinigung wirken und die Patienten danach gesund sind. Es gibt immer wieder ein großes Erstaunen darüber, dass ein „Glas Wasser“ solch positive Wirkung hat.

Soviel zu unseren Erfahrungen bei der Behandlung von Malaria. Wir wünschen uns nichts mehr, als dass die leidige Auseinandersetzung zum Thema „MMS“ endlich im Interesse der Menschen geführt wird, die an dieser und weiteren schweren Krankheiten erkranken und oft sterben.

Die Behandlung mit MMS ist mit geringstem Kostenaufwand überall – im tiefsten Busch – von jedermann und jederfrau schnell und heilend möglich. Es bedarf keines Arztes und keiner teuren Medikamente, um den Patienten von seinem Leiden erfolgreich zu befreien.

„Einer tausendfach wiederholten Lüge glaubt man leichter, als einer zum ersten Mal gehörten Wahrheit."

(Weisheit)

4.

HIV/AIDS

Es sollte nicht lange dauern - meine Wundheilerfolge, die schnelle und schmerzfreie Malariabehandlung hatten sich rumgesprochen - da kamen Patienten mit der Diagnose AIDS.

Oh, das war für mich eine Herausforderung. Bis dahin kannte ich nur die offiziellen Informationen von dieser unheilbaren, todbringenden Krankheit. Längst schon wagten wir uns nicht mehr ins Krankenhaus, weil man dort ohne unser Einverständnis einen HIV/AIDS-Test machte. Wir hatten Angst vor dem eventuell verkündeten „Todesurteil". Wir fürchteten uns, Medikamente einzunehmen, die unseren Gesundheitszustand, in dem Fall besser Krankheitszustand, nur noch verschlechterten.

Mein Freund war an dieser Diagnose, Krankheit gestorben; nach der Information litten mit ihm seine Frau, die später auch verstarb, und seine Kinder.

Nun, der erste Fall war ein junger Mann, der eigentlich schon nicht mehr lebensfähig war. Ich besuchte ihn in seinem Zimmer, das sich im Haus der Familie befand. Er lag auf seinem Bett, war nur noch Haut und Knochen und konnte sich nicht mehr bewegen. Sein Körper hatte offene Wunden, der Rücken schmerzte ihn sehr – jede Bewegung schien ein schwerer Kraftakt zu sein oder nicht möglich. Als ich seinen Raum betrat, erschraken die anwesenden Familienmitglieder. Sie hatten sich schon lange nicht in sein Zimmer gewagt. Essen und Trinken zu bringen, kam wohl einer Mutprobe gleich. Ich unterhielt mich mit ihm und er erzählte mir seine Leidensgeschichte.

Dann begann ich, ihn zu behandeln – ich massierte ihn leicht, versorgte die Wunden und gab ihm von unseren Kapseln. Ich bat die Familie, ihm Neem-Tee zu kochen und mehrere Male am Tag trinken zu lassen. Bei einer der nächsten Behandlung war auch Frau Güpner dabei. Noch heute sagt sie, es war einer ihrer traurigsten, schwersten Momente.

Sie hat mich sehr oft bei den Behandlungen begleitet. Die Patienten waren und sind immer überrascht, dass sie keine Probleme hat, in ihre Hütten zu kommen und bei der Behandlung anwesend zu sein. Ich konnte verstehen, dass der Anblick eines so schwerkranken Patienten nicht für jeden Menschen ertragbar ist. Ich habe viele schwere Verletzungen und Krankheitszustände gesehen und erlebe immer wieder sehr großes Leid. Man fühlt nicht nur mit diesem Menschen und den Angehörigen, man fühlt auch eine große Ohnmacht. Man möchte helfen und ist doch oft sehr eingeschränkt in den Möglichkeiten.

Die Schulmedizin hatte diesen Mann schon einige Monate vorher aufgegeben, überließ ihn ohne weitere Behandlung seinem Schicksal. Was konnte ich erreichen? Es war mir gelungen, seine Schmerzen ein wenig zu lindern, die Wunden etwas abheilen zu lassen und ihm noch für einige Wochen etwas Lebensqualität zu geben. Er wartete schon immer auf meine Besuche. Ich behandelte ihn nicht wie einen Aussätzigen. Wir waren zusammen und sprachen über Gott und die Welt, die für ihn doch so klein geworden war.

Wieder war es Frau Güpner, die nach diesem Erlebnis nach Wegen für bessere Hilfe suchte. Eigentlich wussten wir nicht so genau, was zu tun ist. Na ja, dennoch oder gerade deswegen suchte sie nach Lösungen. Ihre Meinung ist, es gibt für jedes Problem eine Lösung, man muss sie nur suchen. Eine eventuelle Lösung - oder besser ein Ereignis - wurde für alle Beteiligten am Ende ein großer Spaß mit viel Lachen.

In Deutschland hatte sie wieder mal recherchiert. Kondome sollten unter anderem das „Allheilmittel" bei der HIV/AIDS- Vorsorge sein, so die Werbung groß und laut in unserem Land und überall.

Sie rief die Firma Kondomi an und erzählte von ihrer Idee, Kenia (sicher meinte sie nur unser Dorf) flächendeckend mit Kondomen zu versorgen. Auch wenn Kondome so oder so nicht der Wunschartikel eines afrikanischen Mannes sind.

Weder wollen wir Schwangerschaften verhindern, noch glauben die wenigsten Männer daran, sich mit irgendwelchen Krankheiten anzustecken (sicher ein Fehler!).

Das Unternehmen gab ihr zum Einkaufspreis eine „Kollektion" Kondome extra für Afrikaner. Für Sponsoring waren keine Reserven mehr da, aber Informationen hatten die Leute gesammelt. Dieses Unternehmen hatte ein Projekt in Südafrika und in Erfahrung gebracht, dass Afrikaner nicht die gleichen Kondome wie die Weißen benutzen. Frau Güpner brachte also mehrere Kartons mit nach Kenia; es waren Kondome in allen möglichen Farben (außer weiß) und sogar mit Geschmack dabei.

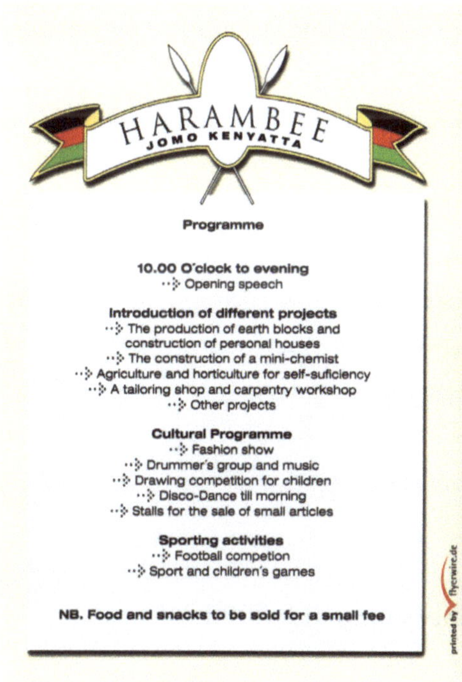

Im Zusammenhang mit der Eröffnung unseres ersten Medizinstützpunktes bereiteten wir mit vielen Kindern und Dorfbewohnern ein großes Fest vor. Während einige Kinder Wimpel für Ketten zuschnitten, entdeckte eines der Kinder, dass man aus diesen bunten Gummis doch wunderbare Ballons aufblasen kann.

Gesagt, getan. Jeder wollte das Spiel mitmachen. Wir hatten die schönste Dekoration: neben unseren selbstgefertigten Wimpeln eine wunderbare, meterlange

Luftballonkette, die sich allerdings nach und nach auf Grund der Sonneneinstrahlung lautstark verabschiedete.

Es war ein super Fest, wie es in unserem Dorf noch nicht stattgefunden hatte. Nun, nicht alle Kondome gingen für Dekoration drauf. Ein anderer Teil lag in der Praxis zur Selbstversorgung und war noch vor dem Ablaufdatum der Päckchen vergriffen. Vielleicht kann man es sich nicht vorstellen, aber wir haben in Krankenhäuser Kondome zur Selbstbedienung liegen sehen, die schon längst abgelaufen waren.

Normalerweise schauen wir nicht auf ein Verfallsdatum; wir kaufen zu wenige Produkte, die ein Datum aufweisen. Aber ich hatte noch im Ohr, dass der Gummi sich in den Tropen sehr viel schneller zersetzt und damit seine Funktion, zu schützen - vor welchen Krankheiten auch immer - verliert.

Viele unserer Menschen glaubten und waren davon überzeugt, ich gehörte auch dazu, dass die Kondome sowieso Ursache und Überträger dieser Krankheit (AIDS) und anderer Leiden sind.

Im Laufe der Jahre konnten wir feststellen, dass die Menschen mit HIV/ AIDS-Diagnose krank waren oder sind. Nur haben sie immer auch andere Krankheitsdiagnosen wie TBC, Malaria, Magen- und Darmerkrankungen oder andere Begleiterscheinungen gehabt, die ihren Gesundheitszustand belasten.

Auch hier ein paar wenige Behandlungsbeispiele:

1. Mein Onkel, ca. 37 Jahre, Behandlung Juli 2008

Er hatte die Diagnose AIDS und tatsächlich fühlte er sich sehr schlecht, er war seit Tagen im Bett und konnte seiner Arbeit (Chef einer kleinen Autowerkstatt) nicht mehr nachkommen. Ihn plagten Durchfall, Appetitlosigkeit, auf der Haut waren dunkle Flecke, er nahm schon längere Zeit AIDS-Medikamente.

Wir gaben ihm am ersten Tag drei Tropfen MMS, am zweiten Tag dreimal vier Tropfen. Als er am dritten Tag kam, fühlt er sich insgesamt wohler, hatte keinen Durchfall mehr und keine negativen Begleiterscheinungen durch die Einnahme von

MMS. Bereits am vierten Tag ging er wieder in seine Werkstatt arbeiten; er ist der einzige Verdiener einer vielköpfigen Familie (ich habe den Überblick über die Anzahl seiner Kinder verloren) und musste wieder Geld verdienen.

Auch seine Haut erholte sich wieder – der Juckreiz ließ nach, es kamen keine neuen Flecken dazu, die vorhandenen wurden kleiner. Später empfahlen wir ihm das Trinken von Neem-Tee und die Verwendung von Moringa-Blatt-Pulver in seinem Essen.

Seit der Behandlung sind viele Jahre vergangen. Er nimmt längst keine Mittel mehr von mir, allerdings sind die Auswirkungen der Medikamente, die er zuvor eingenommen hatte, nie ganz verschwunden; ich meine, er sieht nicht gesund aus und ist doch relativ oft krank.

2. Ein wohlhabender, gut genährter Kenianer, ca. 35 Jahre Behandlungsbeginn November 2008

Der zweite Fall, von dem ich berichten möchte, war für mich in seinem Verlauf und Ergebnis zu jener Zeit nicht erklärbar bzw. grenzte an ein Wunder (oder Zauberei!?).

Frau Güpner war wieder mal in Kenia und mit ihr eine Heilpraktikerin. Der Patient, ein strammer, wohlgenährter Landsmann, kam mit der Diagnose „HIV/AIDS". Er erzählte von seinem Schock und der großen Angst, bald sterben zu müssen; wobei er noch keine Medikamente eingenommen hatte.

Die Heilpraktikerin, eine ausgebildete Osteopathin, behandelte ihn. Wir gaben ihm im Anschluss an die erste Behandlung neben MMS und unseren Kapseln die Empfehlung, sich mit Moringa-Blatt-Pulver und Neem-Tee zu versorgen. Er kam in den ersten drei Wochen in Abständen von zwei, drei Tagen zu uns und wurde durch die Heilpraktikerin ostheopatisch behandelt. Die weitere Behandlung erfolgte durch mich bis zum Januar 2009.

Ende Januar kam er eines Tages vorgefahren und schwenkte freudestrahlend Papiere, genau drei Blatt, in seiner Hand.

Er erzählt mir lachend, dass er in drei Laboren in Mombasa war, um sich wieder auf HIV/AIDS testen zu lassen. Drei deshalb, weil er nach dem ersten negativen Befund nicht daran glauben wollte, dass er wieder gesund ist. Nun ja, gesund fühlte er sich ja bereits seit einigen Wochen. Aber die Angst war ja noch da, sie stand doch auf dem ersten Papier, welches er viele Wochen zuvor ausgehändigt bekommen hatte. Auch die nächsten beiden Labore bestätigten ihm den Befund: „HIV negativ". Er lud mich zur großen Party seiner Wiedergeburt ein.

Was war geschehen? Wir konnten es uns zu jener Zeit noch nicht erklären, warum er HIV frei wurde.

Heute wissen wir, dass er krank war – er hatte große Probleme mit dem Magen und Darm. Diese Erkrankung hatte vielleicht zu einem positiven HIV-Test geführt und ihm Todesängste beschert. Aber tatsächlich ließen sich seine Spannungen im Magen-Darm-Bereich mit einer Manualtherapie sowie mit einfachen natürlichen Mitteln behandeln und heilen.

Wie vielen Menschen wurden und werden falsche Diagnosen gegeben? Wie viele Menschen sich daraufhin auf einen nahen, qualvollen Tod eingestellt haben, lässt sich nur schwer sagen.

Ich habe aber einige von ihnen behandelt und konnte ihnen helfen.

3. Fernfahrer, ca. 47 Jahre, Behandlung Oktober 2010 – Februar 2011

Ein weiterer Fall von vielen meldete sich im Oktober 2010. Wir waren gerade mit dem Bau unseres zweiten Gesundheitszentrums beschäftigt.

Frau Güpner war wieder für mehrere Wochen anwesend und mit ihr die Heilpraktikerin. Eines Abends, nach der Arbeit auf dem Bau, kam eine Familie mit dem Tuk-Tuk (5) zu uns gefahren.

Eine kräftige Frau und ihr Sohn trugen einen schwer kranken Mann herein. Sie legten ihn auf dem Sofa ab. Er war sehr dünn, hielt die Augen geschlossen und reagierte gar nicht.

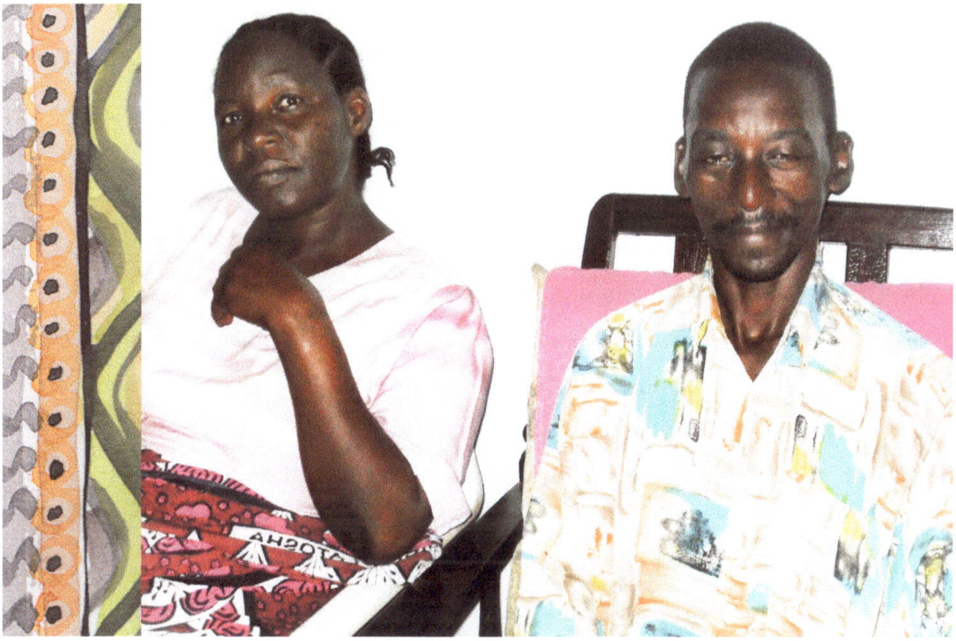

Der Fernfahrer und seine Frau

Wir erfuhren von der Ehefrau, dass er eine HIV/AIDS-Diagnose hatte. Längere Zeit nahm er bereits Medikamente dagegen, hatte große Schmerzen am ganzen Körper, konnte gar nicht mehr essen, es blieb kaum was im Magen und am liebsten würde er Gift nehmen.

Der Fernfahrer im Jahr 2016

Die Heilpraktikerin untersuchte den Mann und fragte, ob er auch TBC hat. Das bejahte er. Dagegen bekäme er aber keine Medikamente, nur gegen AIDS. Nachdem sie ihn über eine Stunde sanft behandelt hatte, gaben wir ihm MMS-Tropfen. Allerdings nur eine geringe Dosis, weil wir Sorge um seinen Zustand hatten. Wir wollten verhindern, dass er brechen musste oder durch die Tropfen Durchfall bekäme. Weiterhin erhielt er Kapseln und Moringa-Blatt-Pulver, welches ins Essen getan werden sollte. Wir baten die Ehefrau, in fünf bis sechs Tagen, wenn es keine weiteren Probleme gibt, wiederzukommen.

Sie kamen eine Woche später und wir trauten unseren Augen und Ohren nicht. Der Mann sprach alleine und erzählte, dass er endlich wieder Appetit hatte und das Essen auch drin behielt. Wir wiederholten die Behandlung vom ersten Mal. Wir erklärten der Frau, wie Moringa aussieht, wie sie es sowohl als Gemüse zubereiten, als auch zu Pulver verarbeiten können. Den Baum kannte sie, ab und zu werden die Blätter als Gemüse gegessen, sie wusste aber nichts von seiner positiven Wirkung auf den Körper. Ihrem Mann gaben wir wieder MMS-Tropfen sowie Kapseln für die nächsten Tage mit nach Hause.

Wieder eine Woche später - einen Tag bevor Frau Güpner und die Heilpraktikerin nach Deutschland zurück flogen - kam er mit seiner Frau zu uns gelaufen. Es ist ein Fußweg von mehr als 30 Minuten für einen gesunden Menschen; nun wollte er sich bei uns für alles bedanken und zeigen, wie gut es ihm bereits nach drei Wochen Behandlung ging.

Ich habe ihn dann weiter betreut und im Februar des folgenden Jahres trat er seine Arbeit als Fernfahrer auf einem Lkw wieder an.

Als Frau Güpner ihn bei späteren Besuchen treffen und fotografieren wollte, war er ständig auf Fahrt in und um Nairobi. Seine Frau erzählte, dass es ihm gut geht, er vor unserem Zusammentreffen nie geglaubt hätte, wieder gesund zu werden. Er hatte keinen weiteren HIV-Test machen lassen und hatte nie wieder die Medikamente eingenommen.

Seine Frau suchte mich mal auf, als sie an Malaria erkrankt war und nicht in ein Krankenhaus gehen wollte, um dort unerwünscht einen Test und dann eventuell die gleiche Diagnose wie ihr Mann zu bekommen.

Ich war auch lange der Überzeugung, dass es diese todbringende Krankheit gibt und, dass außer einer Medikamentenbehandlung nichts, aber gar nichts deren Verlauf aufhalten kann. Leider war es mir in einigen Fällen tatsächlich nicht möglich, den Gesundheitszustand der Menschen zu verbessern.

Sie hatten die Medikamente, die großzügig und meist kostenlos in Kenia verteilt wurden, weiter nehmen wollen. Ich konnte sie gut verstehen und habe nicht versucht, es ihnen auszureden. Ich konnte damals noch nicht nachvollziehen, warum es uns/mir gelungen war, dennoch so vielen Patienten helfen zu können, wieder gesund zu werden und ihrer Arbeit nachzugehen.

Als ich im Jahr 2009 wieder in Deutschland war und mehrere Seminare besuchte, nahm mich Frau Güpner u.a. zu einem Vortrag von Dr. Stefan Lanka mit. Dort konnten wir beide nicht fassen, was von Dr. Stefan Lanka vorgetragen wurde.

Es gibt keinen nachgewiesenen HIV-Virus. Die Menschen, die getestet werden und die Diagnose HIV/AIDS bekommen, sind ohne Zweifel krank. Sie haben aber Krankheiten, die mit diesem Test nicht zu belegen sind. Krankheiten, die es schon immer bei uns in Afrika aufgrund der schwierigen Lebensumstände gibt.

Die Menschen werden aber durch die Einnahme der Medikamente gegen AIDS erst richtig krank; sie bekommen die Symptome, die auf dem Beipackzettel beschrieben sind. Nur liest natürlich kein Afrikaner diesen Beipackzettel, um die Gefahr für sich zu erkennen.

Ja, das war schon etwas merkwürdig, normalerweise müssen unsere Patienten ihre Medikamente selbst bezahlen. Die HIV/AIDS-Medikamente bekamen sie kostenlos ausgehändigt.

Ich behandelte mal eine junge Frau, die im Krankenhaus angestellt, für die Verteilung der AIDS-Medikamente zuständig war. Sie kam zu mir und ließ sich von mir behandeln. Übrigens hatte sie auch neben der AIDS-Diagnose Asthma. Sie nahm meine Kapseln und mein Moringa-Pulver, welches sie aber bald selbst herstellte. Sie war auch davon überzeugt, dass mit der HIV/AIDS-Information etwas nicht stimmte. Nur ihren Arbeitsplatz wollte sie auch nicht verlieren.

Es bestätigte sich tatsächlich, dass viele der zu uns gekommenen Patienten TBC, Typhus, Malaria (sowieso) oder andere schwere Erkrankungen hatten. Es war und ist uns gelungen, diese Erkrankungen durch den Einsatz von Moringa, Artemisinin, Neem und MMS zu lindern oder sogar zu heilen. Bis auf den einen Patienten hatte keiner der von mir betreuten Menschen nach seiner Genesung diesen Test wieder machen lassen. Alleine die Diagnose hätte ausgereicht, sich krank, sterbenskrank zu fühlen. Der Kreislauf von unkorrekter, fataler Diagnose und Todesangst hätte wieder begonnen.

Selbst ich, der ich nun schon lange um die Problematik weiß, bin immer noch nicht frei von Angst. Ich konnte lange nicht glauben, dass man solche Information wider besseren Wissens verbreitet und sich nicht kritisch mit den Gegnern, die vielleicht auch im Recht sind, auseinandersetzt.

Längst hatte ich verstanden, warum Thabo Mbeki, Präsident von Südafrika im Jahr 2000, zur Zeit der 13. Welt-AIDS-Konferenz in Durban, folgende Worte sprach: „Manche betrachten die Fragen, die ich um das Thema HIV/Aids herum aufgeworfen habe, als sei ich in die Rolle eines Schwerverbrechers oder eines Völkermörders geschlüpft. Was ich ständig zu hören bekomme, ist: Stelle keine Fragen!"

Auch heute darf noch nicht offen über Behandlungserfolge gesprochen werden. Allerdings ist festzustellen, dass das Thema längst nicht mehr so reißerisch in der Öffentlichkeit dargestellt wird. Wie sagte Dr. Lanka, es wird langsam aus der Wahrnehmung verschwinden, weil immer mehr Menschen den Glauben an diese unheilbare Krankheit verloren haben und erkennen, was die Regierungen mit diesem Thema ihrer Bevölkerung angetan haben.

Bei meiner Frau, die 2014 zum dritten Mal schwanger war, wurde mit Zwangseinwilligung ein HIV-Test gemacht. Als das geschah, war sie tagelang in großer Sorge. Ich konnte sie nicht beruhigen, denn ich bin doch kein Arzt, der studiert hat, der es besser weiß. Erst als der Bescheid ein negatives Ergebnis brachte, war sie zufrieden. Aber dafür wollte sie dann zur Geburt nicht in ein Krankenhaus gehen. Sie glaubte, dort erst krank zu werden.

So konnte ich zusammen mit meiner Mutter unseren dritten Sohn selbst entbinden. Das war eines meiner tollsten Erlebnisse in meinem Leben und ich bin dankbar dafür, den Weg eines „Heilers" gegangen zu sein.

„Wer die Wahrheit nicht weiß,
der ist bloß ein Dummkopf.
Aber wer sie weiß und sie eine Lüge nennt,
der ist ein Verbrecher.“

Bertold Brecht
(1898-1956)

5.

Andere behandelte Krankenheiten

Insbesondere im vorhergehenden Kapitel habe ich bereits darauf hingewiesen, dass von mir viele andere Erkrankungen, deren Namen ich vorher gar nicht kannte, geheilt bzw. der Gesundheitszustand der Patienten verbessert wurden. Sehr verbreitet sind bei uns Herpeserkrankungen. Den Namen dieser Erkrankung erfuhr ich durch die Heilpraktikerin.

Im Jahr 2008 kam eine Patientin, eine ältere Frau, zu mir. Sie hatte Lippen und Mund voller Blasen (a). Sie sagte, dass sie glaubt, diese Entzündung ginge bereits bis in den Magen, denn sie konnte kaum noch essen und trinken. Sie war schon von verschiedenen Ärzten sowohl in Privatkliniken als auch in der staatlichen Klinik von Kilifi behandelt worden. Das hatte ihr weder Besserung noch Linderung gebracht, sondern nur hohe Kosten für Behandlung und Medikamente verursacht.

Ich gab ihr Kolloidales Silber zum Trinken und Neem-Blätter mit nach Hause, damit sie sich daraus Tee kochen konnte. Bereits nach wenigen Tagen verringerten sich die Entzündungsherde im Mund. Wiederholt gab ich ihr ein Gläschen des von mir hergestellten Kolloidalen Silbers und empfahl, den Neem-Tee zu trinken und das Essen mit Moringa-Pulver zu ergänzen. Ich zeigte ihr den Baum und erklärte, wie sie sich daraus Pulver für die tägliche Einnahme herstellen kann. Die Behandlung dauerte keine zwei Monate; im Dezember war sie frei von allen sichtbaren Entzündungen und konnte wieder ohne Schmerzen essen und trinken. Sie war so glücklich über diese Behandlung. Ich gab ihr abschließend den Hinweis, dass sie sich den Neem selbst besorgen und damit schon bei Beginn einer Herpesentzündung eine

Behandlung vornehmen kann. Andere, weniger schwere Herpesentzündungen habe ich mit einer Salbe aus Neem und Asche von verbrannten Blättern der Wassermelone erfolgreich behandelt.

Auch Windpocken, die wohl eine Art Herpesvirus sein sollen, behandele ich mit Neem. Als ich einmal von einer Mutter aufgesucht wurde, deren kleine Tochter Windpocken hatte, die viel größer als Kronenkorken und stark entzündet waren, gab ich neben Salbe die Empfehlung, das Kind in Neem-Blättern zu baden. Interessant war für mich ihre Bemerkung, dass die alten Frauen der Familie ihr auch schon diesen Ratschlag gegeben hatten. Sie glaubte aber, wir hätten bessere Medikamente und war erstaunt über meine Behandlung.

Alle Patienten, und es waren nicht wenige, die mit diesen Problemen zu mir kamen, erzählten mir, dass sie lange Zeit im Krankenhaus oder von Ärzten behandelt wurden, oft schon verzweifelt waren, viel Geld bezahlt hatten, am Ende aber doch ohne Heilung blieben. Dabei wächst der Neem-Baum so häufig wie kein anderer Baum in der Kilifi-Region.

Weiterhin behandle ich viele ganz normale Erkältungskrankheiten. Natürlich wird immer erst geglaubt, dass es Malaria ist. Aber in diesen Fällen, bei Fieber und Husten, reicht oft schon der Neem-Tee. Auch das Trinken von Lemongras oder Eukalyptustee wirkt fiebersenkend und schmerzstillend. Ebenso hat der Baobab, der Afrikanische Affenbrotbaum, eine heilende Wirkung bei Grippe.

Diese „Baumapotheke" setzte ich auch sehr oft bei der Behandlung von Durchfallerkrankungen ein, die ein großes Problem bei uns sind. Ein anderes Mal gebe ich den Kranken frische Guave-und Mango-Blätter zur Behandlung mit. Zudem empfehle ich das Trinken von Kokusnussmilch, von der es in unserer Region reichlich gibt. Mit MMS und Artemisinin habe ich auch schon Durchfallerkrankungen geheilt.

Immer wieder kommen Patienten mit der Diagnose TBC in Verbindung mit HIV/AIDS zu mir. Da sie meist kein Geld mehr für eine medizinische Behandlung im Krankenhaus haben, ihr Gesundheitszustand aber sehr angegriffen ist, versuche ich, ihnen mit den mir zur Verfügung stehenden Mitteln zu helfen. Sie bekommen anfangs Artemisinin-, Neem- und Moringa-Kapseln. Ich rate ihnen, die uns zur Verfügung stehenden Pflanzen wie Neem und Moringa selbst aufzubereiten und einzunehmen.

Weiterhin verabreiche ich Kolloidales Silber und MMS.

Ich gebe keine Heilversprechen, jedoch ging es den meisten Patienten nach einer längeren Behandlungszeit gesundheitlich besser. Erinnert sei exemplarisch an den Berufskraftfahrer, der nach meiner Behandlung bald wieder arbeiten konnte.

Bei Asthma habe ich gute Ergebnisse mit der Einnahme von Moringa-Samen-Kapseln in Verbindung mit Artemisinin und Neem erzielt.

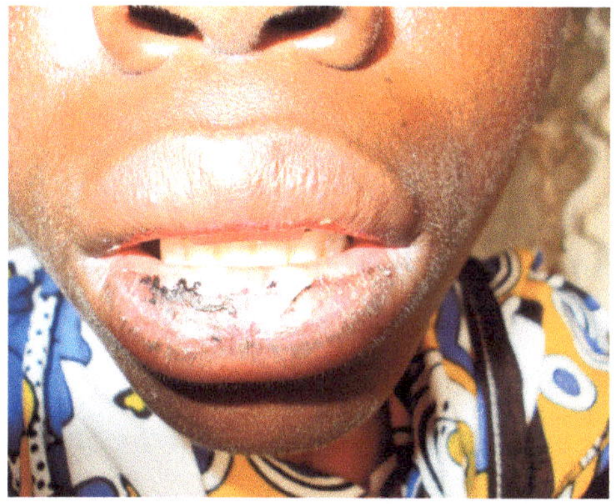

a)

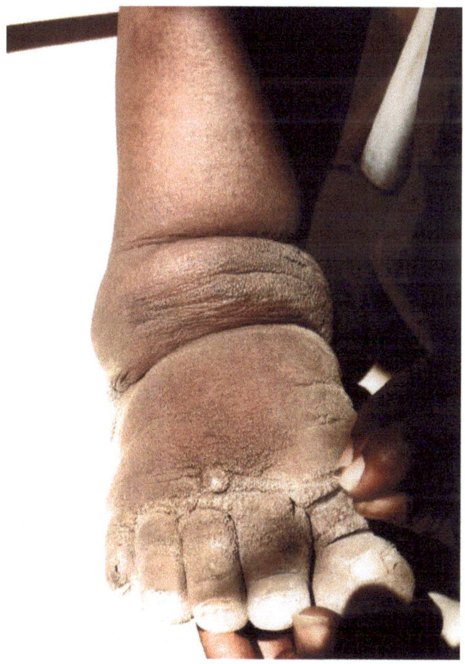

b)

(...) Sie hatte Lippen und Mund voller Blasen (a)

Auch andere Formen der Elefantenkrankheit habe ich danach mehrfach behandelt (...) (b)

Mitunter kommen auch Menschen mit ganz ausgefallenen Leiden zu mir. Ich behandelte mal einen Mann aus unserem Dorf, der einen Hodensack von ca. 15 cm Länge hatte. Ich war so erschrocken und wollte ihn erst gar nicht behandeln. Ich wusste nicht, was ich für ihn tun konnte. Er sagte mir, dass er für eine Operation im Krankenhaus kein Geld hat und bat mich, es doch zu versuchen.

Ich behandelte ihn dann mit MMS und siehe da, der Hoden bildete sich langsam zurück. Nun, bereits nach vier Wochen Behandlung kam er nicht mehr.

Aber wenn ich ihn treffe, freut er sich, dass ich ihn wieder gesünder gemacht habe. Na ja, ich kenne das Endergebnis - die Größe des Hodens - nicht, doch entscheidend ist, wie er sich fühlt.

Auch andere Formen der Elefantenkrankheit (b) habe ich danach mehrfach behandelt. Dabei konnte ich durch eine manuelle Therapie wenigstens Linderung herbeiführen.

Nun, meist kommen Menschen zu mir, wenn sie „austherapiert" sind. So heißt das in der Schulmedizin. Was mir dann bleibt, ist ihnen zu sagen, dass ich versuchen werde, ihnen zu helfen, aber kein Versprechen auf Heilung geben kann. In den meisten Fällen hat es tatsächlich funktioniert.

„Du musst helfen wollen und der Geist der Wahrheit wird dich leiten und führen."

Paracelsus
(1493-1541)

6.

Alternative Heilpflanzen und -mittel

6.1. Neem

Schon als kleiner Junge musste ich bei Husten Tee von Neem-Blättern trinken; oh war dieser Tee bitter. Aber mein Großvater bestand darauf, dass meine Mama mir diesen Tee gab. Schnell war das Fieber weg und ich fühlte mich wohler. Wenn ich zu sehr von Mücken zerstochen war, Wunden meine Beine übersäten, wurde ich von Mama im warmen Neem-Wasser gebadet. Das ließ nicht nur die Wunden besser heilen, es machte auch die Mücken weniger aggressiv. Selbst diese machten einen großen Bogen um diesen Baum und seinen unangenehmen Geschmack.

Als ich größer war, habe ich nicht mehr so viel an den Neem-Tee gedacht, konnte ich doch nun selbst entscheiden, ob ich bitteren Tee trinken wollte oder nicht. Das sollte sich aber ändern, denn irgendwann hatte ich wieder mal kein Geld für Medizin bei einer meinen vielen Malariaerkrankungen.

In meiner Not erinnerte ich mich an den Mwarubaini, den Baum gegen vierzig Krankheiten, wie er in Kenya genannt wird. Ich litt an wenigstens sechs: Fieber, Durchfall, Brechen, Bauchschmerzen, Appetitlosigkeit und Gelenkschmerzen. Ich ließ mir einen Ast bringen und von meinem Freund Rudi einen starken Tee kochen. Dieser half mir auch ohne Tabletten die schwerste Zeit zu überbrücken. Von nun an nutzte ich diese greifbare, kostensparende Medizin.

NEEM

Der Neem ist die „Baumapotheke des Dorfes", er hat seinen Ursprung in Indien. Ende des 19. Jahrhunderts wurden viele Inder von den Engländern zum Bau der Eisenbahnlinie vom Indischen Ozean zum Viktoriasee nach Ostafrika geholt. Es waren billige Arbeitskräfte, die unter schwersten Lebensverhältnissen in unserem Land angesiedelt wurden.

Ich kann mir gut vorstellen, dass sich die Inder ein Stück Heimat – den Neem-Baum, der zugleich ihre Apotheke bei vielen Krankheiten war - mitbrachten; dazu zählte unter anderen Malaria. Na ja, genau weiß ich nicht, ob der Baum so seinen Weg in unsere Region fand. Aber ich weiß, dass die alten Menschen, wie meine Großeltern, den Neem-Baum und seine medizinische Wirkung gut kannten. Nur leider war es zu Zeiten der Kolonialisierung von den Engländern verboten, natürliche Medizin einzusetzen.

Erst nach und nach beginnen wir wieder, mit den Schätzen unserer Natur zu arbeiten. Der Neem ist der Baum, der wohl mit am meisten in der Region um Kilifi verbreitet ist; darum heißt er bei uns auch der „Kilifi-Baum". Die Bäume sind sehr groß und werden gerne als Bau- und Brennholz verwendet. Bei uns werden aus den großen Stämmen kleine Boote gebaut und er dient als Grundlage für viele Schnitzereien, die wir an die Touristen verkaufen.

Da viele Kenianer wenig Geld haben, benutzen sie die Ästchen des Neem-Baumes als Zahnbürsten; heute eher die alten Leute. Wer ein wenig mehr Geld hat, kauft sich eine Zahnbürste, die er dann benutzt, bis alle Borsten verschwunden sind, und Zahnpasta. Beides ist teuer und hat mundhygienisch wenig Wirkung.

Zwischenzeitlich habe ich auch erfahren, dass in Europa und Asien eine wertvolle Zahnpasta aus Neem produziert wird. Die kleinen Ästchen sind eigentlich die beste Zahnpflege und ich versuche, sie in meiner Familie wieder einzusetzen. Es gelingt mir bei meinem fast 16-jährigen Sohn, der im Internat zur Ausbildung lebt, nur sehr schwer - das ist nicht zeitgemäß. Was immer das auch heißen mag.

Für die medizinische Behandlung setzten wir vor allem die Blätter ein. Anfangs haben wir auch mit der Rinde gearbeitet. Das tun wir nun wegen des Erhaltens der Bäume nicht mehr. Die Neem-Blätter werden von uns geerntet, getrocknet und als Tee, in Kapseln oder Salbe verarbeitet. Die Einsatzmöglichkeiten des Neems sind sehr vielfältig, weil er Bakterien und Viren bekämpft, entzündungs- und schmerzhemmend sowie fiebersenkend wirkt. Er hat eine stark positive Wirkung bei Hauterkrankungen, Herz- sowie Magen- und Darmbeschwerden, Asthma, Malaria und noch vielem mehr. Da der Geschmack außerordentlich bitter ist, lehnen viele Menschen den Neem ab. Mit dem Trinken von Neem-Tee kann man durchaus eine Malariaprophylaxe durchführen, damit die Erkrankungen reduzieren und wie oben berichtet den Krankheitsverlauf erleichtern und verkürzen.

Wenn ich unseren Menschen sage, die Apotheke samt Medizin stehe vor ihren Häusern, schauen sie mich ungläubig an. Da ich aber im Laufe der Behandlungen den Beweis liefere, greifen sie eher zu und sparen sich ebenso hohe Kosten für Medikamente. Der Neem war das erste und vielleicht auch wichtigste Mittel, das ich bei der Behandlung sowohl schwerer Wunden als auch anderer Erkrankungen eingesetzt habe.

6.2. Moringa oleifera

Als Frau Güpner nach ihrem ersten Seminar (2005) über „Natürliche Medizin in den Tropen" wieder nach Kenia kam, erzählte sie vom Moringa-Baum. Davon, dass dieser Baum in Afrika unter anderem die Unterernährung und andere gesundheitliche Probleme beseitigen könnte. Sie hatte in diesem Seminar eine Hebamme kennengelernt, die in Ghana schon lange und sehr erfolgreich ein Projekt für werdende und stillende Mütter begleitete. Sie konnten dort die Säuglingssterblichkeit verringern und die Frauen hatten gesunde, kräftige Babys.

Schnell fanden wir den Baum auch bei uns. Er wuchs verstreut vor vielen Hütten und man erzählte uns, dass er als Frischgemüse genutzt wird, wenn andere Blätter nicht mehr zur Verfügung stehen.

Tatsächlich ist der Moringa-Baum auch bei Trockenheit noch lange grün. Da sein Geschmack bitterer als andere, von uns verwendete Grünpflanzen ist, möchten die wenigsten Menschen die Blätter essen. Von der Heilwirkung wussten sie ohnehin nichts. Frau Güpner hatte wieder mal vorgesorgt. Da sie keine Informationen

MORINGA

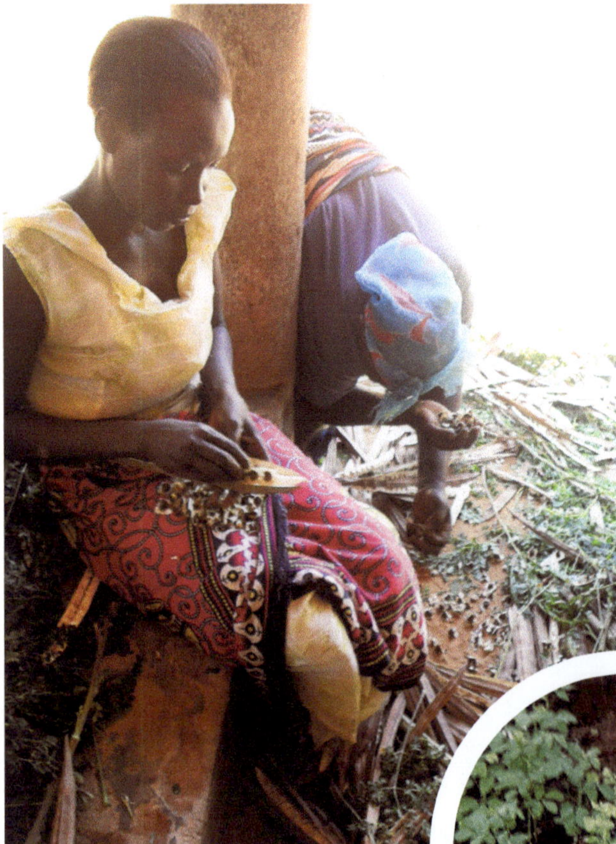
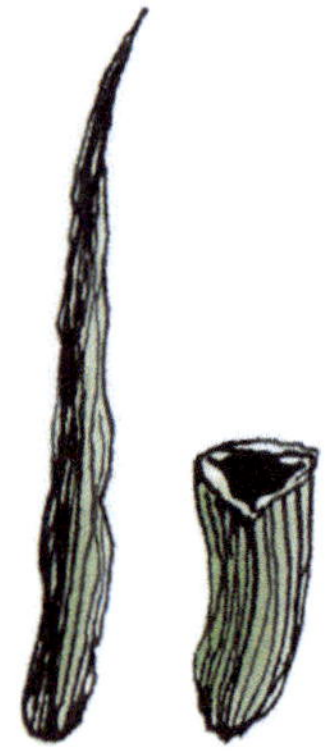

hatte, ob und wo der Baum bei uns zu finden ist, brachte sie vorausschauend eine große Anzahl Moringa-Samen mit.

Diesen pflanzten wir in kleine Tüten. In der Zeit ihres Aufenthaltes sorgte sie dafür, dass die Pflanzen auch täglich Wasser bekamen. Bereits nach drei Wochen waren die Pflanzen schon 20 bis 25 cm groß. Nun ja, die folgende Abwesenheit von Frau Güpner haben die Pflanzen dann leider nicht überlebt. Niemand, weder ich noch meine Frau, dachten an die Bäumchen und daran, dass sie als junge Pflanzen regelmäßig gegossen werden müssen.

Unsere Ausrede war, wir hätten kein Wasser. Das ließ Frau Güpner natürlich nicht gelten. Sie hatte die Samen absichtlich in kleine Tüten gepflanzt, um sie nur punktuell gießen zu müssen – das spart Wasser, man hat die Pflanzen unter Kontrolle und verhindert gleichzeitig einen frühzeitigen Zugriff von Ziegen und Kühen, denn diese wissen wohl, was schmeckt und für sie gesund ist. So fand Frau Güpner bei ihrer Rückkehr nur vertrocknete Stöckchen vor.

Ich konnte mir zu dieser Zeit auch noch nicht vorstellen, dass ein Baum – wildwachsend, ohne besondere Früchte – solch eine Wirkung auf die Gesundheit und das Wohlbefinden haben sollte.

Frau Güpner ließ aber nicht locker. Sie sagte: „Das ist mein, unser Baum. Ich weiß, er kann uns allen helfen." Zu jener Zeit gab es, so erzählte sie mir, äußerst wenige Informationen im Internet dazu. Lediglich über die wasserreinigende Wirkung der Samen wurde berichtet.

Als wir noch keine eigenen Bäume hatten, fuhren wir bei den Aufenthalten von Frau Güpner durch die Dörfer und sammelten Äste und Zweige, die wir zu Hause mit Helferinnen zupften, trockneten und zu Pulver verarbeiteten.

Ich setze das Pulver neben Neem und Artemisinin bei der Behandlung vieler Patienten bei den unterschiedlichsten Krankheitssymptomen ein. Ich fordere sie auf, sich selbst mit Pulver zu versorgen. Manche Patienten brachten mir als Ausgleich für ihre Behandlung gestampftes Pulver mit, welches ich dann weitergeben konnte.

Nach und nach brachte Frau Güpner neue Berichte über den Moringa und seine Wirkstoffe mit. Auf Grund dieser Informationen und den praktischen Erfahrungen unsererseits bin ich längst überzeugt davon, wie wertvoll der Baum für Mensch und Tier ist. Auch dieser Baum hat seine ursprüngliche Heimat in Indien. Der Moringa oleifera wird weltweit als der „Wunderbaum" oder „Baum des langen Lebens" bezeichnet.

Spricht man beim Neem bei uns davon, dass er mehr als vierzig Krankheiten positiv beeinflussen kann, sagt man dem Moringa oleifera nach, er könne rund 300 Krankheiten kurieren. Erfolge, Linderung erziele ich vor allem bei den schwerkranken Patienten, denen HIV/AIDS, TBC und Krebs diagnostiziert wurde und wird.

Mit dem Essen von Moringa-Pulver verbessert sich auffallend schnell ihr Appetit und mit ihrem Appetit verbessert sich ihr Wohlbefinden. Ebenso erfolgreich setze ich das Pulver bei schwangeren und stillenden Müttern ein.

Selbst Frau Güpner hat zwischenzeitlich drei Enkelkinder bekommen, deren Mütter während der Schwangerschaft und der Stillzeit ausreichend mit Moringa-Kapseln versorgt wurden und bewiesen haben, dass für beide – Mutter und Kind – der Moringa oleifera „Mutters bester Freund" ist.

Ramadhan am Papaya - und Moringa - Baum

Marie, die Frau von Ramadhan, mit ihrem Baby

Plakat über den Moringa-Baum

Im Jahr 2011 fertigte Frau Güpner für uns und andere Länder Afrikas ein Plakat über den Moringa an. Das haben wir dann überall dort, wo es Flächen zum Kleben gab – an Häuserwänden, Bäumen und Mauern – angebracht.

Heute wird auch in unseren Medien über die Wirksamkeit des Moringa-Baumes informiert und immer mehr Menschen bei uns wissen, den Baum und sein Heilkräfte zu schätzen.

Irgendwann erfuhr ich, wie teuer Moringa-Blatt-Pulver auf dem Markt gehandelt wurde, was dann ein zusätzlicher Anreiz für mich war, endlich im eigenen Garten den Anbau des Moringa-Baumes neben anderen Heilpflanzen voranzutreiben. Mit dem Verkauf des Moringa-Blatt-Pulvers konnten wir den Bau unseres Gesundheitszentrums unterstützen und auch in Zukunft andere Projekte fördern.

6.3 Artemisia Annua Anamed

Über Artemisinin habe ich in den vorgehenden Kapiteln bereits berichtet. Es ist eine der wichtigsten Pflanzen, die wir bei der Behandlung vieler schwerer Krankheiten einsetzen.

Um mehr über diese und andere Pflanzen zu erfahren, besuchten wir, mein Pfleger und ich, Seminare in Tansania und Kenia. Frau Güpner nahm sowohl in Deutschland als auch in Kenia an den Schulungen teil und brachte weiteres Wissen mit.

Da wir feststellen mussten, dass es uns nicht gelingen wird, diese Pflanze in unserer Region aufzuziehen, hat Frau Güpner gemeinsam mit einer Heilpraktikerin, ihrer Familie und Freunden diese Aufgabe in Deutschland übernommen.

Bereits im europäischen Winter (Februar) beginnt die Aufzucht dieser sensiblen Pflanze. Nachdem sie im Frühjahr in die freie Natur umgesetzt wird, benötigt sie viel Feuchtigkeit und Pflege. Die Ernte beginnt im September und geht oft bis in den November.

Gezupft werden ausschließlich die Blättchen, was eine geringe Ausbeutung aber beste Qualität des Artemisinin-Tees gewährleistet.

Wir setzen Artemisinin weniger bei Malaria ein, sondern mehr bei anderen schweren Krankheiten in Form von Kapseln sowie zur Herstellung anderer Heilmittel.

Dabei konnten wir feststellen und später auch in wissenschaftlichen Artikeln nachlesen, dass Artemisinin bzw. daraus hergestellte Medikamente eine Krebsbehandlung erfolgreich unterstützen kann.

Wir nutzen Artemisinin auch in der letzten Phase der Entbindung. Daraus gekochter Tee wirkt krampflösend und beschleunigt den Entbindungsverlauf.

Ich glaube, die Wissenschaft ist noch nicht so weit, um all die Wirkstoffe und deren Wirksamkeit dieser wertvollen Pflanze nachzuweisen. Deshalb setzen wir Artemisinin als ganze Pflanze ein bzw. die Blättchen. Die Erfolge sprechen für sich.

Artemisinin im Garten

6.4. Weitere Pflanzen

Aloe Vera

Über die Einsatzmöglichkeiten dieser bei uns verbreiteten Pflanze habe ich schon in vorhergehenden Kapiteln, insbesondere bei den Wundbehandlungen sowie bei Verbrennungen und Herpes, berichtet.

Da die meisten Menschen bei uns keinen Zahnarzt aufsuchen können, empfehle ich bei Entzündungen im Mundbereich das Einreiben mit dem weißen Gel der Aloe Vera.

Ebenso geben wir unseren Touristen die Empfehlung, bei Sonnenbrand und Insektenstichen ein Blatt der Aloe Vera aufzuschneiden und das Gel auf die entzündeten Flächen aufzutragen.

Bei Abführproblemen, also Verstopfungen, nutze ich den gelblichen Saft der Aloe Vera, aber nur in geringer Menge.

Baobab

Der Baum wird bei uns auch Affenbrotbaum genannt. Er hat ein auffallendes Aussehen, seine Äste stechen in den Himmel wie Wurzeln, er ist sehr groß, wird sehr alt und steht unübersehbar auf unseren Feldern. Dieser Baum ist einer der wenigen in unserer Region, wenn nicht sogar der Einzige, der in der Trockenzeit seine Blätter fallen läßt, die dann zur Regenzeit wieder üppig wachsen. Auch seine Früchte sind besonders groß.

Ich setze die gekochten Blätter bei Kopfschmerzen und Fieber sowie gegen Durchfall ein. Rinde sowie Wurzeln rasple und koche ich, wenn ich Elefantitis behandle, die ich damit einreibe.

Bei Appetitlosigkeit werden die Körner der Früchte gepresst und der Saft daraus getrunken; auch Zahnschmerzen können damit behandelt werden.

Gerne werden die Körner bei uns auch zu schmackhaften Suppen oder Soßen verarbeitet.

ALOE VERA

BAOBAB

Amaranth

Papaya

Die Papaya trägt wie viele Bäume bei uns zweimal Früchte im Jahr. Bereits bei den Wundbehandlungen, wie erwähnt, kommt die Milch der noch grünen Frucht zum Einsatz. Als Heilverband nehme ich auch gerne die Schale der Papayafrucht.

Bei Würmern, die immer wieder bei Kindern auftreten, gebe ich Samenkörner, die gegessen werden.

Bei Durchfall oder Frauenbeschwerden stampfe ich die Körner und koche einen Tee daraus.

Auch Zahnschmerzen und Entzündungen habe ich erfolgreich mit zerstampften Körnern auf den entzündeten Stellen behandelt.

Amaranth

Der Amaranth ist eine das ganze Jahr über wachsende Pflanze, die gerne als Gemüse gegessen wird.

Ich empfehle das Essen von Amaranth bei Menschen, die unter Blutarmut leiden (sie kommen mit der Diagnose aus dem Krankenhaus) und auch zur Ernährung von Babys, die besonders klein geboren werden.

Frisch gepresste Samen (Gelee) habe ich gegen Hämorriden eingesetzt. Die Blätter und Stängel lasse ich kochen und als Tee bei Harnwegsentzündungen trinken.

Eukalyptus

Als ich erfuhr, dass man auch Eukalyptus als Medizin verwendet, habe ich umgehend in meinem Garten einen Baum gepflanzt. Inzwischen ist er mehr als fünfzehn Meter hoch. Mehr als einen Baum sollte man nicht pflanzen, denn er zieht viel Wasser aus dem Boden.

Auch hier nutze ich vorwiegend die Blätter als Tee verarbeitet gegen Erkältungserkrankungen, Fieber und Husten. Ich stelle aus getrockneten Blättern gemischt mit Öl ein Mittel für die Wundbehandlung her.

Guave

Guave wächst als Busch und für die Behandlung von Patienten verwende ich vorrangig die Blätter, frisch oder getrocknet.

Ich setze frische, junge Blätter bei immer wieder auftretenden Durchfallerkrankungen ein.

Getrocknete Blätter, verarbeitet mit Artemisinin- und Neem-Blättern finden Verwendung als Salbe bei Wundbehandlungen.

Sehr gerne werden die süßen Früchte gegessen.

Mango

Bei uns wachsen sehr viele Mangobäume. Abgesehen davon, dass wir die Früchte oft und gerne essen, nehme ich die noch jungen Blätter, um Tee daraus zu kochen. Er wird bei Durchfallerkrankungen, Regelschmerzen, Husten und Fieber getrunken.

Die Asche der Rinde benutze ich auch bei Wundbehandlungen erfolgreich. Das Holz des Mangobaums wird zum Kochen gesammelt.

6.5. Pflanzen und Früchte, unserer Ernährung

Seit dem ich mich mit den Heilpflanzen beschäftigt habe und bei meinen Besuchen in Deutschland eine etwas andere Ernährung erleben konnte, stellte ich fest, dass wir hier in Kenia, in unserer Region, eigentlich sehr gesund essen. Immer kam ich aus Deutschland leicht übergewichtig nach Kenia zurück und musste durch Strandläufe die Kilos wieder abbauen.

Unser Hauptnahrungsmittel ist Mais, verarbeitet als Ugali.

Dazu essen wir die unterschiedlichsten Grünpflanzen (Spinat, Sumawiki, Moringa), Okra, Weißkohl, Bohnen, Linsen und Tomaten. Gewürzt werden unsere Speisen mit Salz, Zwiebeln, Pili-Pili, Paprika, Knoblauch und Ingwer.

Zu besonderen Anlässen gibt es Reis oder Maniok mit Kokosnussraspeln. Manchmal verarbeiten wir Maniok auch zu Chips und würzen diese mit Paprikapulver, ein kleiner Snack.

GUAVE

MANGO

Die Kinder essen Maniok mit Kokosnuss und Gemüse

Die Kokosnuss, auch ein „Wunder der Natur", die uns an der Küste immer zur Verfügung steht, wird sowohl für die Ernährung, als auch als Medizin eingesetzt. Die Milch wird gerne durststillend getrunken; aber auch ein alkoholisches Getränk lässt sich daraus brauen, Mnazi - wird gerne und viel getrunken. Aus dem Fruchtfleisch wird Öl gewonnen und die Raspeln verfeinern Soßen oder andere Speisen. Das Öl wird sowohl pur oder verarbeitet als Salbe zur Körperpflege und Linderung von Hautproblemen eingesetzt. Die Stämme werden zum Bauen genutzt und aus den Palmenwedeln werden in der Küstenregion die Dacheindeckungen – Makuti – hergestellt.

Getrunken wird überwiegend Wasser; ich koche auch gerne mal Lemongras-Tee oder Schwarzen Tee mit Zitrone oder Orangen verfeinert.

In meinem Garten wachsen Bananen, Ananas, Guave, Papaya, Orangen, Zitronen, Melonen sowie Kokos- und Cashewnüsse. Auch all die oben genannten Gemüsepflanzen habe ich gelernt anzubauen und neben meinen vielen, hier nicht genannten Heilpflanzen, wachsen unsere täglichen Grundnahrungsmittel ganz dicht um uns herum.

Das wissen auch unsere „Festtagsbraten" (Ziegen, Kühe und Hühner) zu schätzen, denn oft lassen sie sich meinen jungen Mais, den Moringa und die anderen Pflanzen gut schmecken.

Als meine Söhne gerne Cola, Sprite und Fanta trinken wollten, auch Bonbons und andere Süßigkeiten aßen, habe ich anfangs kein Problem darin gesehen.

Wir hatten etwas mehr Geld und das will man dann auch zeigen; der Nachbar schaut doch neidisch auf einen, was einen im „Selbstwert" hebt. Bald musste ich aber feststellen, dass ihre Zähne nicht so gesund waren und nun gibt es Cola und Süßes nur als Ausnahme, z.B. zum Ramadan-Ende. Ja, auch einen Fastenmonat legen wir ein, um unseren Körper zu regenerieren.

So kann ich mich den Worten des Hippokrates nur anschließen.

***„Unsere Nahrungsmittel sollten
Heilmittel, unsere Heilmittel
Nahrungsmittel sein."***

Hippokrates von Kos
*(460 bis etwa 377 v.Chr. Griechischer Arzt
„Vater der Heilkunde")*

6.6. Kolloidales Silber

Bei den Wundbehandlungen stand schon zu Beginn die Frage: Wie reinige ich die Wunden am besten?

Frau Güpner gab mir den Hinweis, dass man mit Kolloidalem Silber, einem natürlichen Antibiotikum, Behandlungen sowohl äußerlich auch innerlich durchführen kann. Sie brachte mir aus Deutschland neben Büchern zum Thema, ein Destillationsgerät und auch ein Gerät, ein „Ionic Pulser Standard", mit. Dazu spezielle Gefäße (Blauglas) zur Herstellung und Aufbewahrung dieser Flüssigkeit.

Die Verwendung von Silber in der Heilmedizin ist, so in der Literatur nachzulesen, bereits vor vielen Jahrtausenden dokumentiert. Die Chinesen setzen Silber bei Akupunktur-Nadeln zur Behandlung vielfältiger Krankheiten ein. Ich selbst habe ein Seminar zur Akupunkturbehandlung in Deutschland besucht und diese bei unterschiedlichen Problemen erfolgreich durchgeführt.

Beim Einsatz von Kolloidalem Silber zur Wundbehandlung kann ich immer wieder feststellen, dass die Wunden schneller und ohne Komplikationen heilen. Auf einigen der beigefügten Fotos im Kapitel 2 ist zu sehen, dass die hygienischen Bedingungen nicht die besten sind, und trotzdem hat kein Patient weitere Probleme bekommen.

Im Internet kann man zu diesem Thema ausführliche Informationen erhalten. Ich denke, der Einsatz dieses Mittels zur Behandlung sollte eine größere Rolle spielen. Auch diese „Medizin" ist relativ kostengünstig und überall dort, wo man Zugang zu elektrischen Strom hat, herstellbar.

Meine Erfahrungen waren und sind sehr positiv.

6.7. MMS

Ich habe im Kapitel über „Malaria" bereits über meine persönlichen Erfahrungen geschrieben. Viel mehr, sowohl über die Zusammensetzung, Erfahrungsberichte bei Malaria und anderen Krankheiten, als auch das „Für und Wider" kann man im Internet nachlesen. Auch bei uns in Kenia ist nicht gewünscht, dass man mit MMS arbeitet. Dabei sollte doch als erstes dafür Sorge getragen werden, dass den Menschen sauberes, trinkbares Wasser zur Verfügung steht, was man mit MMS erreichen kann. Als zweites ist nachgewiesen, dass MMS niemandem Schaden zufügt, sondern eine schnelle und kostengünstige Alternative zu den oft nicht bezahlbaren und bei uns im Busch nicht erreichbaren Medikamenten darstellt.

Wenn jährlich viele hunderttausend Menschen, darunter viele Kinder an Malaria sterben, stellt sich mir die Frage, was wir noch tun müssen, damit sich die Wahrheit durchsetzt?

6.8. Okoubaka

Auf Seminaren in Berlin und Dresden hörte ich erstmals vom tropischen Urwaldbaum Okoubaka, der in Westafrika zu Hause ist. Aus dessen Rindenpulver wird in Deutschland eine spagyrische Essenz (6) hergestellt. Davon erhielt ich anfangs zwei Liter gesponsert, die jetzt von Frau Güpner im geringen Umfang immer wieder aufgefüllt werden. Ich setze dieses wertvolle Mittel - man braucht nur wenige Tropfen - vor allem bei Vergiftungen, Beschwerden der Verdauungsorgane, Kopfschmerzen, Migräne, Bewusstlosigkeit und epileptischen Anfällen ein.

Wir leben in Ostafrika, weit entfernt vom Lebensraum dieses Baumes.

Ich würde gerne mehr davon verwenden, denn ich bin überzeugt, es gäbe noch weitere Einsatzmöglichkeiten mit hoher Wirkung – nur sind die Kosten zu hoch.

6.9. Schlangenstein

Auch über die Benutzung des Schlangensteins habe ich schon gesprochen. Lange bevor ich mir diese selber herstellte und jetzt meist in meiner Hosentasche bei mir trage, bewunderte ich die „Zaubersteine" bei Heilern.

Ich wusste, dass man die Steine bei Schlangenbissen und giftigen Stichen anderer Tiere einsetzen konnte.

Man legt den Stein auf die Bisswunde, der Stein saugt sich fest und zieht das Gift aus der Wunde. Wenn er vollgesogen ist, fällt er von alleine ab. Man kann die Saugwirkung auch mal kurz, aber wirklich nur kurz, an der Zunge versuchen.

Die Herstellung, die ich im Seminar erlernte, geht folgendermaßen: Man nimmt von einem Kuh-Oberschenkelknochen das mittlere Teil. Jetzt teilt man es in kleine Stücke, etwa so groß wie ein Feuerzeug oder Computer-Stick. Diese Knochenstücke werden nun mehrfach im Wasser, welches immer wieder frisch sein muss, ausgekocht. Damit sich das Fett aus dem Knochen löst, gibt man beim letzten Mal Seife dazu. Wenn die Stücke richtig getrocknet sind, werden sie in Silberfolie gewickelt und mittig in ein Holzkohlefeuer gelegt. Nach ca. 30 Minuten sollte man prüfen, ob der Stein noch fest ist und eine schwarze Farbe angenommen hat. Wenn man nun den „Zungentest" macht und er kleben bleibt, ist der Stein fertig.

Nach der Benutzung eines Schlangensteins kann man seine Wirksamkeit auffrischen. Wieder kocht man ihn in Seifenwasser, dann in klarem Wasser jeweils 10 Minuten aus. Danach wird er mehrere Tage voll in die Sonne gelegt. Der „Zungentest" zeigt seine Einsatzbereitschaft.

„Die Unmöglichkeit wissenschaftlicher Beweisführung rechtfertigt nicht die Ablehnung einer Behandlungsweise, die sich seit Jahrhunderten bewährt hat. Der Erfolg entscheidet über Wert oder Unwert. Man soll nicht verachten, was man nicht kennt."

Manfred Köhnlechner

(1925-2002)

Deutscher Verlagsmanager und Heilpraktiker

7.

Unser Gesundheitsprojekt

In meinen ersten Kapiteln habe ich schon begonnen, über die Entwicklung unseres „Gesundheitsprojektes" zu berichten.

Die erste Phase war die Bereitstellung von Medikamenten, die Bezahlung von Krankenhausbehandlungen für Menschen, die sich selbst keine hätten leisten können.

Dann folgte der Bau unseres kleinen Medizinstützpunktes. Wir bauten dieses Objekt aus Lehmziegeln, weil wir darin eine preiswerte Alternative des Bauens sahen. Wir hatten in Namibia über diese Bauweise theoretische und praktische Erfahrungen gesammelt und kamen mit viel Elan von dort zurück.

Nun ja, es wurde ein einfaches kleines Vierzimmer Haus, das ein gutes Raumklima bot, aber leider keine lange Lebensdauer hatte. Das Haus steht zwar heute noch, aber schnell waren die Türen von Termiten durchlöchert und konnten oft nicht mehr verschlossen werden. Nicht anders erging es den Schränken, die Familie Güpner per Container aus Deutschland, gespendet von ihrem Hausarzt, gesendet hatte. Wenigstens waren die Behandlungsliegen aus Metall und die Kunststoffbezüge nicht das richtige Futter für die vielen kleinen tierischen Bewohner unseres Medizinstützpunktes.

Dennoch war es für die Bevölkerung in unserem Dorf ein Fortschritt. Man bekam am Tag, später auch in der Nacht, erste Hilfe bei kleinen Unfällen, Malaria, den vielen Kinderkrankheiten und anderen Problemen. Wir eröffneten diesen Medizinstützpunkt am 12. Dezember 2003, zum 25. Jahrestag der Unabhängigkeit

Die alte Praxis

Das neue Gesundheitszentrum

Kenyas, verbunden mit einem großen, schönen Volksfest. Umrahmt wurde das Fest von Sportwettkämpfen, einer großen Tombola, einem Marktplatz der Arbeitsgruppe des Ortes Mavueni, die sich mit der Selbstversorgung durch den Anbau von Mais, Maniok, Moringa und Neem beschäftigt hatte, von Videofilmvorführungen zum Thema HIV/AIDS sowie Informationsgesprächen zum Selbstbau von Lehmhäusern.

Wir hatten eine junge Künstlergruppe eingeladen, die Vorführungen zum Thema „Partnerschaft und AIDS" machten.

Auch die kommunale Regierung von Vipingo verlegte ihre öffentliche Feier zu Ehren des nationalen Feiertages, nachdem sie unsere Flyer erhalten und gelesen hatten, auf unseren Platz.

Der Medizinstützpunkt war gut besucht und wir konnten immer wieder feststellen, dass trotz nicht verschlossener Türen niemals Materialien aus den Zimmern verschwunden waren. Die Menschen schätzten dieses kleine Haus.

Zu dieser Zeit wollten wir uns auch an einem Projekt der Stiftung Weltbevölkerung beteiligen. Sie hatten das Projekt „Miniapotheken" ins Leben gerufen. Das sollte einmal die Landbevölkerung mit Medikamenten versorgen, Arbeitsplätze schaffen und Aufklärung zum Thema „HIV/AIDS" geben.

Wir waren begeistert von diesem Projekt, war doch gerade unser kleiner Medizinstützpunkt übergeben worden. Wir hofften durch diese Organisation, wie versprochen, jungen Menschen (wir hatten drei ausgewählt) eine Fortbildung zu ermöglichen.

Aber weder konnten wir an den angekündigten Seminaren teilnehmen, noch gab es das zugesagte Informationsmaterial. Auch der uns genannte Stützpunkt der Stiftung in Kilifi war nicht auffindbar.

Also suchten wir unsere eigenen Wege.

Ich selbst war zu dieser Zeit noch nicht als Pfleger beschäftigt. Alleine das Thema „Pfleger" könnte ein neues Kapitel sein. Ich möchte hier nur ein paar wenige Erfahrungen beschreiben.

Der erste „Doktor" den wir hatten, war ein entfernter Verwandter. Er war mir früher als Arzt vorgestellt worden. Also fragte ich ihn, ob er nicht bei uns als Arzt arbeiten möchte. Er willigte ein und trat sehr bald seinen Dienst bei uns an. Er erzählte, dass er im Krankenhaus Kilifi vorrangig in der Nacht arbeitete und deshalb bei uns zusätzliche Dienste machen könnte. Ich zweifelte in keinster Weise an seinen Aussagen. War er doch immer, wie eine höher gestellte Persönlichkeit, ordentlich gekleidet – weißes Hemd, akkurate Hose, geputzte Schuhe.

Welcher Kenianer zweifelt die Glaubwürdigkeit solcher Personen an? Keiner, wir sind beeindruckt, kleiden wir uns doch selbst nur zu ganz besonderen Anlässen so; diese sind selten.

Wir merkten bald, der Selbsterhalt der Klinik funktionierte nicht. Die Einnahmen flossen in seine Tasche und die Ausgaben mussten von den Sponsoren getragen werden. Wir erfuhren, dass er nur Pfleger im Nachdienst war. Als er merkte, dass wir davon Kenntnis erhalten hatten, war es schon zu spät.

Alle beweglichen Materialien, also kleine medizinische Utensilien und Verbrauchsmaterialien der Praxis, waren schon verschwunden und er hatte in einem anderen Dorf eine neue „Tür" geöffnet.

Der nächste Pfleger, auch kein Arzt, aber ausgebildeter Pfleger, arbeitete einige Monate fleißig und zuverlässig. Dann aber verschwand er in einen „wohlverdienten" Urlaub, den er ohne unsere Kenntnis antrat und erst nach drei Monaten beendete. Sein Urlaubsgeld war alle und er hoffte, bei uns wieder neues zu verdienen.

Wir fragten viele Bekannte, ob sie nicht einen Arzt für unsere kleine bescheidene Praxis kennen.

Dann endlich erhielten wir die Information über einen „Armendoktor" aus Mombasa. Telefonisch hörte sich alles so an, wie wir uns das wünschten; selbst das vereinbarte Honorar entsprach unseren Vorstellungen. Als er aber dann persönlich da war und erfuhr, dass hinter uns Sponsoren stehen, stiegen seine Forderungen für die Übernahme der Lizenz (Genehmigung zur Führung einer Arztpraxis) um das Doppelte. Unsere Hinweise, dass viele Patienten die Behandlungen nicht bezahlen können, wir dennoch immer erste Hilfe leisten, Material kaufen müssen usw., zählten für ihn nicht.

Wieder auf der Suche wurden wir mit einer Krankenschwester bekannt gemacht. Sie konnte sich gut vorstellen, mit uns zusammenzuarbeiten.

Sie war schon seit vielen Jahren bei einem Arzt in Mombasa beschäftigt, wünschte sich aber eine Tätigkeit in einer kleinen Praxis. Allerdings benötigte sie noch eine Zusatzausbildung mit einem Zertifikat, welches ihr die Berechtigung zur Führung einer Praxis gegeben hätte. Wir waren begeistert, weil sie doch auch unser Engagement für die Bevölkerung unseres Dorfes anerkannte. Die Sponsoren gaben ihr 10.000 KSh für das Zertifikat. Dann folgten viele Versuche der Kontaktaufnahme zu ihr. Nach ungezählten, nicht erfolgreichen Telefonaten trafen wir sie zufällig in Mombasa und erfuhren, dass sie das Geld für andere wichtige persönliche Zwecke ausgegeben hatte. Zur Zertifizierung war sie nicht angetreten.

Dann hatten wir über viele Jahre einen Pfleger. Er war der „Doktor" der umliegenden Ortschaften geworden. Auch er, eine gut gekleidete Persönlichkeit, mit entsprechendem Auftreten, tat seine Tätigkeit für die Bevölkerung, aber noch mehr für sich. Er baute zwischenzeitlich, davon hatten wir zuvor keine Kenntnis, mit den Einnahmen der Praxis zwei eigene Häuser. Nur für die Erweiterung der Praxis und geplante Investitionen blieb kein Geld übrig.

Nachdem auch er sich in einen längeren Urlaub verabschiedet hatte, sich nun auch die Notwendigkeit der Zusammenarbeit mit einem zertifizierten Arzt ergab, suchten wir weiter.

Es meldete sich einer, dem wir wieder voller Vertrauen, Geld für die benötigte Lizenz (Papiere, Nachweise waren endlich alle da) und Aufwendungen für die Fahrt nach Nairobi mitgaben. Der „Arzt mit Lizenz" und das Geld mussten wieder mal abgeschrieben werden. Er kam dort nie an, sein Telefon ließ keinen Kontakt mehr zu.

Ich selbst hatte im Jahr 2006 mit kleinen Behandlungen, besser Massagen, begonnen. Dann wurde ich immer wieder durch die „Ärzte" unserer Praxis gebeten, die Wundbehandlungen zu machen.

Sie erkannten, dass meine Behandlungen erfolgreicher waren, ich mir langsam ein umfangreiches Wissen angelesen, in Seminaren und Schulungen erlernt und in die Praxis umgesetzt, hatte. Es machte mir sehr viel Spaß, entsprechende

Fachbücher zu lesen. Die folgenden Aufenthalte in Deutschland, 2007 und 2009, waren dann auch „Studienaufenthalte".

Ich besuchte Seminare zu den verschiedensten Themen einer heilpraktischen Ausbildung und lernte, mit dem Computer zu arbeiten. Das ermöglichte mir, mit Hilfe des Laptops, den mir Familie Güpner schenkte, weitere Informationen einzuholen.

Ich suchte nach Möglichkeiten, mein erlerntes Wissen, die Informationen und praktischen Erfahrungen weiterzugeben.

Auf einem jährlich stattfindenden Erfahrungsaustausch, dem „Farmers´ Day" in Malindi, nahm ich mehrere Jahre teil.

Ramadhan auf dem „Farmers´ Day" in Malindi

Ramadhan an seinem Stand in Malindi

Vortrag im German Institut

Eigentlich wurden dort die vielfältigsten Pflanzen für unsere tägliche Ernährung vorgestellt. Man hatte von mir gehört, dass ich einen Teil dieser Pflanzen für die Behandlung von kranken Menschen einsetzte und bat mich, schon 2010 an dieser Veranstaltung teilzunehmen. Dort zeigte und erklärte ich neben meinen selbstgemachten Tees sowie Kapseln und Salbe aus Neem und Artemisinin den Nutzen von Moringa und weiteren heimischen Pflanzen.

Mehrfach hielt ich auch Vorträge im German Institut in Mombasa zu den gleichen Themen.

Eine weitere Aktivität im Rahmen unseres „Gesundheitsprojektes" war eine Reise ins Hochland von Kenia.

Im Jahr 2012 wurden wir von einer in Deutschland lebenden kenianischen Familie gebeten, ihre Angehörigen in einem Dorf in der Nähe von Kisumu aufzusuchen. Dort sollte es bei allen Bewohnern die Diagnose AIDS geben.

Ich hatte zuvor meine Kapseln (Artemisinin/Neem/Moringa) an zwei Familienangehörige geschickt und es ging den beiden wesentlich besser. Sie fühlten sich gut und einer, ein Lehrer, konnte auch wieder arbeiten gehen.

Also beschlossen Frau Güpner und ich, gemeinsam im Januar 2013 mit einem erfahrenen Kraftfahrer nach Kisumu zu fahren.

Wir hatten gehört, wie anstrengend Reisen durchs Land sind; weder wollte ich das Frau Güpner zumuten, noch hatte ich den Mut, diese Reise mit meinem Auto alleine zu fahren. Trotz oder besser „Gott sei Dank" unseres Berufskraftfahrers beendeten wir die lange und beschwerliche Fahrt am Ende erfolgreich. Immer wieder kamen wir vom Weg ab. Wir mussten Straßen befahren, die diesen Namen nicht verdient hatten. Nicht nur einmal musste der Fahrer Ausweichmanöver einlegen und von der Straße runterfahren, um unser Leben zu retten. Die Straßen Kenias sind Orte mit einer sehr hohen Unfallzahl.

Wir kamen zum vereinbarten Termin bestimmt acht Stunden zu spät. Es war schon früher Abend und es saßen noch viele Menschen da und warteten auf uns. Neben Kapseln, Salbe und MMS hatten wir zwei Videos über das Thema „AIDS" dabei.

Filmabend in Kisumu

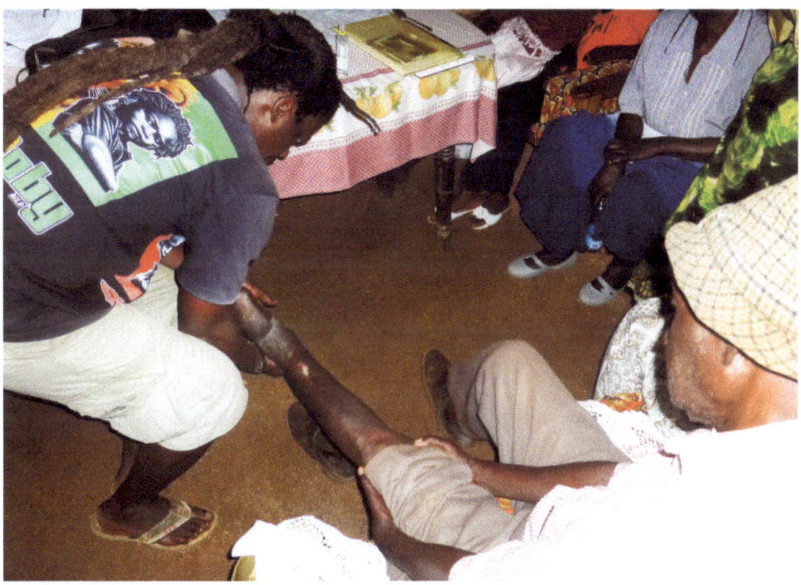

Behandlung

Nachdem wir sehr herzlich begrüßt und mit Essen vorsorgt waren, begannen wir mit der Filmvorführung. Der erste Film „House of numbers" war in englischer, der zweite Film „I won´t go quietly" von Anne Blumental, in deutscher Sprache mit englischen Untertiteln.

Da wir uns untereinander nur schwer verständigen konnten, wir sprachen Suaheli, die Gastgeber die Sprache der Luo, konzentrierten wir uns auf die „Dolmetscherin". Sie hatte in der Schule Suaheli und auch englisch gelernt. Sie versuchte, den Inhalt der Filme wiederzugeben.

Das Erstaunen über die Informationen war sehr groß, erklärte aber gleichzeitig, warum es den AIDS diagnostizierten Familienangehörigen wieder besser ging. Auch sie hatten eine der vielen Krankheiten, die es bei uns schon immer gab, die nun aber einen anderen Namen hatten und mit den Kapseln recht gut behandelt werden konnten.

Am nächsten Morgen warteten bereits viele Menschen auf eine erneute Filmvorführung und Behandlungen von mir.

Den Menschen, die am Tag zuvor MMS bekommen hatten, ging es gut.

Sie brachten gleich noch mehr zu behandelnde Personen mit. Wir verteilten weiterhin die Tropfen und ich war zusätzlich damit beschäftigt, die physischen Probleme zu behandeln – Beine, Rücken, Köpfe und Arme.

Ich weiß nicht mehr genau, wieviel Menschen wir dort behandelt haben – es waren sehr, sehr viele.

Plötzlich gab es die Information, jemand wolle unsere medizinische Zulassung sehen. Weder hatten wir diese, noch waren wir mit der Absicht dorthin gefahren, ein halbes Dorf zu behandeln. Um jedem Ärger aus dem Weg zu gehen, packten wir unsere Sachen und fuhren mit einer der vielen Schwestern der Familie zu ihrem Wohnsitz und gleichzeitig zu einem Hilfsprojekt. Hier arbeitete eine Gruppe Frauen und Männer für Waisenkinder.

Wir hatten bereits seit 2012 Kontakt mit ihnen. Nun erklärten wir noch einmal persönlich unseren Ansatz für die Betreuung und Behandlung unserer Menschen – Ausnutzung der einheimischen Ressourcen, welch wichtige Rolle der Moringa

Hilfsprojekt „Waisenkinder"

(...) Als wir seinen Heilpflanzengarten besuchten, war er über mein umfangreiches Wissen zu seinen Pflanzen verwundert. Er machte sich Notizen zu meinen Ausführungen.

in der täglichen Ernährung spielte und welche Pflanzen heilende Wirkung haben können. Sie hatten auf unseren Rat auch schon Moringa angepflanzt und die ersten zarten Bäumchen standen von Ziegen und Hühnern geschützt unter kleinen Gitterkörben.

Den Abend und den nächsten Tag verbrachten wir bis zu unserer Heimfahrt bei einem Professor der Universität in Kisumu. Er staunte nicht schlecht, als er erfuhr, dass wir uns so intensiv mit Artemisinin und den anderen Pflanzen beschäftigten und auch selbst Artemisinin-Kapseln herstellten. Auch er vertrat die Auffassung, dass alle notwendigen Heilmittel in unserem Umfeld wachsen, dass wir keine Importe aus Europa oder Amerika benötigten. Mit seinen Studenten arbeitete er auch an einem Extrakt aus Artemisinin zur Heilung verschiedenster Krankheiten.

Als wir seinen Heilpflanzengarten besuchten, war er über mein umfangreiches Wissen zu seinen Pflanzen verwundert.

Er machte sich Notizen zu meinen Ausführungen.
Ich wäre sehr gerne zu seinen Seminaren gefahren, aber der Weg ist zu weit und meine Aufgaben und Verpflichtungen für die Familie ließen das bisher nicht zu.
Diese Reise war eine interessante Erfahrung und ich konnte ebenso viele Informationen weiter geben.

Viele Jahre war ich als mobiler „Heiler" unterwegs. Ich besuchte Patienten zu Fuß, mit dem Boda-Boda (7), Motorrad, dem Matatu und später mit meinem eigenen Auto.

Vorrangig wurden die Wundbehandlungen vor Ort beim Patienten durchgeführt. Oft waren es aber auch Krankheiten wie Malaria, Typhus, Fieberkrämpfe und andere akute Probleme, die ich behandelte.

IUCEA-VICRES:
MEDICINAL BIODIVERSITY
CENTRE;
• WEST KISUMU
• KENYA

2010 – Baustelle des neuen Gesundheitszentrums

Im Oktober 2010 wurde unser langersehnter Traum, eine neue Praxis zu bauen, wahr. Frau Güpner hatte einen weiteren Sponsor gefunden, der uns bei der Finanzierung des Rohbaus unterstützte.

Erneut mussten wir erkennen, dass wir auch hier nicht mit fairen Partnern arbeiteten. Es verschwanden ca. 800 Mauersteine sowie 48 Sack Zement und sicher noch so manch anderes notwenige Baumaterial, welches wir bezahlt hatten. Sie landeten bei dem von uns beauftragte Bauleiter auf dessen eigene Baustelle.

Gelder für die Löhne flossen in seine eigene Tasche und nicht, wir vereinbart, an die schwer wassertragenden Frauen und Bauarbeiter.

Also begann ich im Jahr 2011, unter Anleitung von Frau Güpner aus der Ferne, den weiteren Ausbau ohne Bauleiter, mit selbst ausgesuchten Handwerkern und mit neuem Elan umzusetzen.

Frauen auf der Baustelle

Das Gesundheitszentrum leuchtet!

Die Eröffnung

Stück für Stück, Monat für Monat entwickelte sich unser „Gesundheitszentrum" und wurde endlich fertig und am 3. Februar 2012 eröffnet.

Das Gesundheitszentrum wurde von den Menschen unseres Dorfes und der Umgebung mit Freude angenommen.

Viele von ihnen waren selbst am Aufbau beteiligt.

Sprechstundenzimmer

Rezeption und Wartebereich

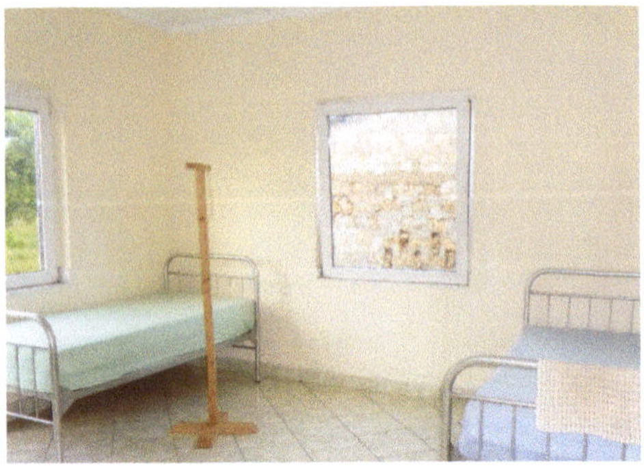

Bettenzimmer

Heute bieten wir Ihnen erste Hilfe bei all den gesundheitlichen Problemen, die unser tägliches Leben beeinflussen.

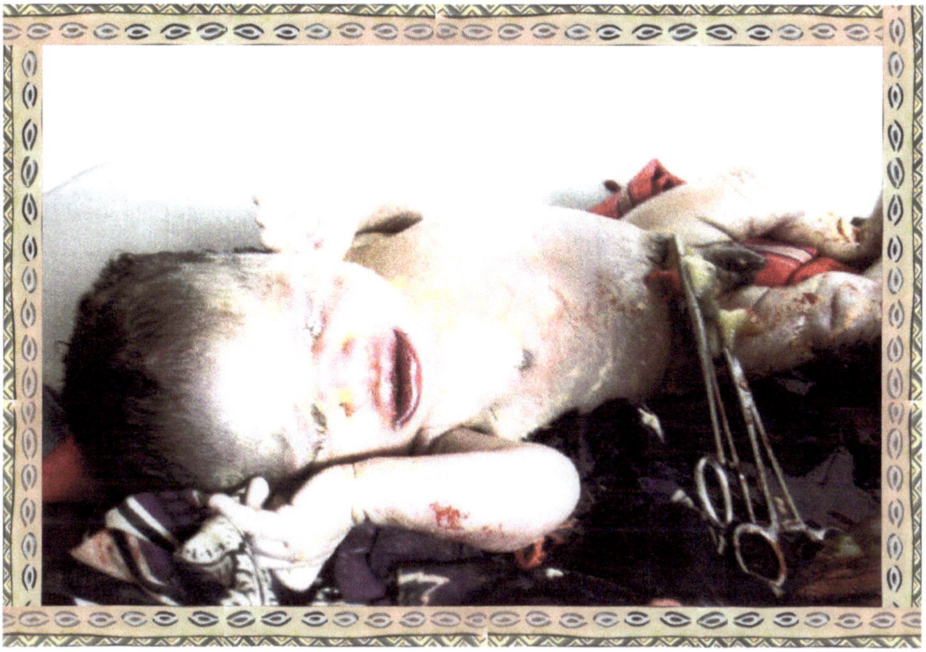

Das erste Baby im Gesundheitszentrum

Zwischenzeitlich haben auch eine große Anzahl Babys in unserem Gesundheitszentrum das Licht der Welt erblickt.

Das erste Baby wurde noch vor der offiziellen Veranstaltung zur Eröffnung am 30.01.2012 geboren.

Das Gesundheitszentrum

Unserem Bau und den Anstrengungen aller Beteiligten widmete Frau Güpner eine kleine Broschüre.

Health center
Together for Africa
Suermondtstraße 17
D-13053 Berlin
Fon +49 (0)30 - 98 31 53 58
Fax +49 (0)30 - 98 31 53 59
E-Mail hum.team.guepner@gmx.de
Amin Ramadhan Karisa
P.O. Box. 1108
Kilifi, Kenya
Fon 00254-720749119
E-Mail rastarama@gmx.de
Commerzbank
BLZ 160 800 00
Konto 4 583 069 201

„Nichts ist unmöglich; es gibt Wege,
die aus jeder Situation führen,
und wenn unser Wille stark genug ist,
werden wir immer die notwendige Mittel finden.
Es ist oft lediglich eine Ausrede,
wenn wir sagen, Dinge seien unmöglich."

François de La Rochefoucauld
(1613-1680)

8.

Worterklärungen

1. **Kanga** – Baumwolltuch, beliebtes Kleidungsstück der Frauen, Trage tasche für Baby´s

2. **Ugali** – Maisbrei, Hauptnahrung der Menschen an der Küste Kenias

3. **Sisal** – eine Pflanze, die viel an der Küste wächst, aus ihren Fasern werden Seile, Körbe, Teppiche und anderes hergestellt

4. **Matatu** – Kleinbusse in Kenia

5. **Makuti** – Aus Palmenwedel hergestellte „Dachziegeln", Dacheindeckung vorrangig in der Küstenregion

6. **Tuk-Tuk** – Dreirädiges Transportmittel für ca. drei Personen

7. **Spagyrische Essenzen** – werden nach einem bestimmten Prinzip (trennen und wieder zusammenführen) hergestellt, zählen zu den wirksamsten und verträglichen planzlichen Arzneimitteln

8. **Boda-Boda** – Fahrradtaxi

„Wem eigene Schmerzen erspart bleiben, der muss sich aufgerufen fühlen, die Schmerzen anderer zu lindern."

Albert Schweitzer
(1875-1965)

Danke

„Ich danke allen

Ich danke allen, die meine Träume belächelt haben;
sie haben meine Phantasie beflügelt.

Ich danke allen, die mich in ihr Schema pressen wollten;
sie haben mich den Wert der Freiheit gelehrt.

Ich danke allen, die mich belogen haben;
sie haben mir die Kraft der Wahrheit gezeigt.

Ich danke allen, die nicht an mich geglaubt haben;
sie haben mir zugemutet, Berge zu versetzen.

Ich danke allen, die mich abgeschrieben haben;
sie haben meinen Mut geweckt.

Ich danke allen, die mich verlassen haben:
sie haben mir Raum gegeben für Neues.

Ich danke allen, die mich verraten und missbraucht haben;
Sie haben mich wachsen lassen.

Ich danke allen, die mich verletzt haben;
sie haben mich gelehrt, im Schmerz zu wachsen.

Ich danke allen, die meinen Frieden gestört haben;
sie haben mich stark gemacht, dafür einzutreten.

Vor allem aber danke ich all jenen,
die mich lieben, so wie ich bin;
Die geben mir die Kraft zum Leben!

Danke."

Ich danke herzlich Paulo Coelho für diese, seine Worte.

Ich danke allen, die mir auf meinem Weg geholfen haben
und weiterhin zu mir stehen.

Amin Ramadhan Karisa

„Wer heilt, ist auf den richtigen Weg."